ALAIN DANIELOU

Einführung in die indische Musik

Aus dem Französischen
von Wilfried Sczepan

Heinrichshofen's Verlag
Wilhelmshaven

ISBN 3-7959-0183-9
Gesamtherstellung: Heinrichshofen's Druck, Wilhelmshaven
Printed in Germany
Bestell-Nummer 12/183

Inhaltsverzeichnis

IX. LITERATUR UND DISKOGRAPHIE

EINLEITUNG

Kein Land, nicht einmal China, kann sich einer Musikgeschichte rühmen, die mit der Indiens vergleichbar wäre. Zunächst an Hand sehr alter historischer Quellen, dann auf Grund immer mehr verfeinerter Notationsmethoden und technischer Abhandlungen können wir von der Vorgeschichte bis in unsere Zeit die musikalische Theorie und Praxis verfolgen, so wie sie in den verschiedenen ethnischen und kulturellen Regionen des indischen Subkontinents existierte und noch immer existiert. Die Griechen wie später auch die Perser, Türken und Araber waren von dem Raffinement und der Komplexität der indischen Tonkunst stark beeindruckt. Offenbar haben alle Völker des Altertums in Indien die Heimat, das Ursprungsland der Musik gesehen. Die Anfänge der chinesischen Musik lassen ebenfalls indische Einflüsse erkennen.

Auf Grund seiner toleranten Haltung vermochte Indien die verschiedenen Aspekte seiner eigenen Kultur ohne Katastrophen, ohne Dogmatismus und Fanatismus zu entwickeln und sich auf allen Gebieten – Religion, Philosophie, Kunst und Wissenschaft – das Beste aus fremden Kulturen, zu denen es in Beziehung stand, mühelos anzueignen. Im Laufe ihrer Geschichte, deren Dauer und Kontinuität uns überraschen, hielten es die Inder im Gegensatz zu den meisten anderen Völkern nie für erforderlich, mit ihren altüberlieferten Denkweisen und Kenntnissen tabula rasa zu machen, um Platz für neue zu schaffen. Dadurch konnte die Entwicklung der Künste bis zu einem Höchstmaß an Raffinement vorangetrieben und dann gewissermaßen stabilisiert werden, derart, daß der Grad an Vollkommenheit jede Evolution erschwert. Die großen Perioden der indischen Bildhauerei zeugen von einem Gleichgewicht zwischen Realismus und Stilisierung, das nie wieder erreicht wurde.

Das gleiche gilt für die Musik, wo die Ausgewogenheit von Technik und Ausdruck einen ungewöhnlich hohen Grad künstlerischer Reife erlangte. Gleichwohl vermochte sich das schöpferische Element zu behaupten, indem es einen bedeutenden Platz der Improvisation einräumte, durch die die Musik erst zu einer lebendigen, sich stets erneuernden Erfahrung wird, ohne daß sich ihre Grundlagen, ihre Regeln, ihre spieltechnischen Methoden verändern. Dieses Merkmal kunstvoller Improvisation ermöglichte der indischen Musik, durch die Jahrhunderte fortzuleben, ohne zu altern, und dabei sich selber gleichzubleiben. Jede Aufführung ist eine Neuschöpfung innerhalb eines strengen Rahmens komplexer und starrer Regeln. Lediglich dieser Rahmen von Regeln wird schriftlich fixiert und überliefert, so daß die Bürde der Bedeutung früherer großer Interpretationen nie auf dem Künstler von heute lastet und seine Schaffenskraft lähmt, wie es in Ländern der Fall ist, wo die Musik uneingeschränkt niedergeschrieben wird und wo das nachschöpferische Bemühen sich eher am Neuartigen als am Vollkommenen orientiert.

Ziel der Improvisation in der indischen Musik ist es, durch Darstellung eines musikalischen Gedankens in allen seinen Aspekten eine ganz spezifische Stimmung zu erzeugen. Die große indische Musik ist zwangsläufig solistisch. Jede andere Polyphonie als der Dialog zwischen der Trommel und dem Melodieinstrument oder der Stimme schafft nur Verwirrung im musikalischen Denken und lähmt die Entfaltung improvisatorischer Feinheiten. Jede Art von Orchester, so wie wir es verstehen, ist in der eigentlich modalen Musik also von vornherein unmöglich.

Die indische Musik ist eine Musik, die spricht, die einen Gedanken ausarbeitet, die ein Gefühl zu analysieren sucht. Sie entwickelt sich wie die Redekunst und verlangt eine besondere Schulung des Gedächtnisses, denn die Töne, die aufeinanderfolgenden *musikalischen Wörter* ergeben erst im geistigen Zusammenhang eine intelligible Struktur. Ihre Bedeutung erschließt sich erst im Zuge des Satzverlaufs, wie es auch bei der gesprochenen Sprache der Fall ist. Wenn mehrere Personen gleichzeitig reden, läßt sich ein Gedanke keineswegs klarer oder etwa vielschichtiger ausdrücken; im Gegenteil, ein sinnloses Palaver ist bekanntlich die Folge. Das gleiche gilt analog für jede Form von modaler Polyphonie. Es ist sehr wichtig, sich dieses Aspektes der modalen Sprache bewußt zu sein, um Form, Sinn und Ausdrucksgehalt der indischen Musik verstehen zu können.

Die unlängst in Indien und in den Ländern des Vorderen Orients unternommenen Versuche, Orchester zu schaffen und den modalen Formen kontrapunktische und polyphone Elemente einzuverleiben, beruhen auf einer Fehleinschätzung und Unterbewertung dessen, was den einzigartigen Wert der modalen Musik ausmacht.

Das Ansehen, das Orchester westlichen Zuschnitts allenthalben genießen, führte in Indien wie auch anderswo dazu, sich um die Gründung von Instrumentalensembles zu bemühen. In derartigen Gruppierungen sind die Musiker –

selbst die besten – in ihrer Improvisationsfreiheit und der Entwicklung ihres musikalischen Denkens gehemmt. Sie müssen erleben, daß die Möglichkeiten der Verzierung und der rhythmischen Feinheiten, die ihren Stil im wesentlichen bestimmen, nicht mehr gefragt sind und folglich verschwinden. Um überhaupt ein erträgliches Ensemble zu erhalten, bedarf es einer weitgehenden Vereinfachung der Formen, so daß von der Musik nur noch ein Skelett übrigbleibt. Die Vorstellung, aus dieser Verarmung könnte eine neue Musik hervorgehen, die in ihrer Konzeption der westlichen Musik nahe steht, ohne sich mit ihr zu identifizieren, ist wahrscheinlich eine Selbsttäuschung. Es bleibt in der auf diese Weise verunstalteten indischen Musik nichts Wertvolles mehr erhalten; die großen Musiker lassen den Mut sinken und verzichten auf die Ausbildung von Schülern. Indem man an das, was heutzutage als internationales Niveau gilt, sich anpassen zu müssen glaubt, riskiert man den Verfall oder gar den Verlust einer wunderbaren und äußerst originellen Kunst, einer Kunst, die im Gegenteil als ständige Quelle der Inspiration und als eine der vollkommensten Formen der musikalischen Sprache und damit als Kommunikationsmedium erhalten bleiben sollte, das in besonderer Weise geeignet ist, die erhabensten Gefühle des Menschen zum Ausdruck zu bringen.

Musik als Sprache

Die indische Musik gleicht in ihrem Aufbau einer Sprache. Die alten Grammatiker und Theoretiker des Sanskrit sehen die Trennung von gesprochener Sprache, Gesten und Musik als ein Phänomen an, das sich erst später entwickelte und nie völlig verwirklicht wurde. Tatsächlich sind die gesprochene Sprache und die musikalische Sprache zwei Aspekte ein und desselben Kommunikationsphänomens mit gemeinsamen psychologischen, physiologischen und semantischen Grundlagen. Daß sich in bestimmten Musiksystemen immer abstraktere konventionelle Strukturen entwickeln, kann diese grundlegende Einheit verdecken, aber nur scheinbar.

Da die indische Musik in ihrer Struktur den Formen der gesprochenen Sprache stets stark verhaftet blieb, darf es uns nicht wundern, wenn uns ihr Charakter monodisch vorkommt. So kompliziert das Gefüge des Satzes auch sein mag, der zur Übermittlung eines Gedankens oder Gefühls dient, seine Einzelelemente folgen aufeinander. Ein Dialog besteht nicht darin, daß alle gleichzeitig reden. Es wäre durchaus irrig, anzunehmen, daß, nur weil die Bestandteile der musikalischen Rede aufeinanderfolgen, der Gebrauch der Musik als Ausdrucksmittel weniger entwickelt, weniger vielschichtig sei als bei einem polyphonen System. Gerade das Gegenteil ist meist der Fall. Die Notwendigkeit harmonischer Übereinstimmung und die Probleme der Wahrnehmung, vor die uns die Polyphonie stellt, engen die Möglichkeiten ihres Vokabulars – und der Musiksprache als Ausdrucksmittel – beträchtlich ein und legen das Schwergewicht auf Begriffe der Form, der Ästhetik und des Wohlklangs statt, wie bei der indischen Musik, auf semantische Elemente, den inneren Gehalt der Töne, auf die Bedeutung der Sätze, die wiederum erst den Denkapparat und die emotionale Reaktion in Gang setzt. Um indische Musik zu hören, müssen wir also zunächst unsere Vorstellung von dem, was Musik ist oder zu sein habe, aufgeben und unser Gehör und Gedächtnis umerziehen.

Wir müssen uns wieder an die modale Form gewöhnen, jene Grundform der abendländischen Musik von der Antike bis zur Renaissance, die noch immer den Kern eines sehr umfangreichen Bestandes an Volksmusik bildet. Leider verschandeln wir diese Volksmusik allzuoft in modernen und barbarischen "Bearbeitungen", die den Aufbau des Originals nicht mehr erkennen lassen und lediglich beweisen, daß die klassisch gebildeten Musiker die Botschaft solcher Musik nicht mehr wahrnehmen und deren wirklichen Wert nicht mehr zu schätzen wissen.

Grundton

Erste Voraussetzung für das Verständnis der durch das Verhältnis der Intervalle gegenüber einem festen Grundton gekennzeichneten modalen Musik ist das innere Gefühl für die Wertigkeit dieses Grundtons, auf dem der Ausdruck des Modus beruht. Der Grundton ist einer Trägerwelle vergleichbar, die andere Wellen überträgt. Er ist ein wesentliches Element der modalen Musik und nicht, wie ein bekannter Musiker zu Beginn dieses Jahrhunderts schrieb, "ein Spieß, der die Melodie durchbohrt".

Der ständig erklingende Grundton hat zwei Hauptfunktionen. Zunächst erzeugt er ein konstantes Klangniveau, das eine genaue Wahrnehmung und Unterscheidung der Intervalle ermöglicht. Bekanntlich braucht das Ohr eine gewisse Zeit, um sich "einzuhören"; die Wahrnehmung einzelner oder unzusammenhängender Töne ist im übrigen immer nur sehr approximativ. Der Wahrnehmungs- und nicht nur der Schätzungsfehler für einen einzelnen Ton kann in manchen Fällen einen Halbton oder mehr betragen. Ist dagegen das audiomentale System auf einem bestimmten Niveau erst einmal in Gang gesetzt und eingespielt, wird das Wahrnehmungsvermögen äußerst genau.

Nun tritt die zweite Funktion des Grundtons in Erscheinung, nämlich die eines unveränderlichen Bezugspunktes, der es dem Hörer ermöglicht, präzise Intervalle und sehr geringe Intervallunterschiede genau zu erkennen. Dadurch lassen sich innerhalb einer Oktave zahlreiche deutliche Einzeltöne unterbringen, und zwar zweiundzwanzig Haupt- und rund dreißig Nebentöne, entsprechend definierten Frequenzverhältnissen und bestimmten, genau umrissenen emotionalen Ausdrucksgehalten. Bei diesen Intervallen, die man bisweilen Mikrotöne oder – wesentlich unzutreffender – Vierteltöne nennt, handelt es sich keineswegs um kaum wahrnehmbare Unterschiede, sondern im Gegenteil um Töne, die voneinander genauso verschieden sind wie für uns eine Quarte und eine Quinte. Sie sind musikalisch den Phonemen der gesprochenen Sprache äquivalent.

Um indische Musik zu hören, muß sich unser Ohr also zunächst daran gewöhnen, den Grundton zu hören, das heißt, es muß sich an ihn wie an ein Klangklima gewöhnen, das wie gesagt als unveränderlicher Bezugspunkt dient und dem eine fundamentale Bedeutung zukommt. Der Grundton ist die Basis, auf dem das gesamte musikalische Bauwerk ruht.

Dann müssen wir lernen, jedes melodische oder ornamentale Element für sich und unabhängig in seiner Beziehung zum Grundton wahrzunehmen; dabei dürfen wir jedoch keineswegs der melodischen Linie folgen.

Das modale Wahrnehmungsvermögen ist in der Tat streng vertikal, wir könnten auch sagen: harmonisch. Der Melodiezug, die musikalische Phrase dient ausschließlich dazu, in unserem Bewußtsein ganz allmählich eine Architektur aus übereinandergeschichteten und nebeneinander existierenden Tönen zu errichten, die den Modus und die von diesem ausgelöste Gefühlsstimmung darstellen. Daß die einzelnen Bausteine des musikalischen Bauwerks uns nacheinander übergeben werden, dient nur dazu, um sie klarer, bestimmter, präziser zu machen. Das modal konzipierte Werk ist folglich eine starre Struktur, die in unserer Vorstellung Stein für Stein, Ton für Ton errichtet wird und von der Reihenfolge, in der die verschiedenen Elemente zusammengefügt werden, nur bedingt abhängig ist. Nicht die melodische Folge der Töne ist wichtig, sondern die Gesamtheit aller Töne. Dies erklärt, weshalb die modale Musik bei ihrer Aufführung improvisiert werden kann. Das Bewußtsein des Musikers ist auf das Gebäude als Ganzes gerichtet, auf eine vertikale Struktur. Er vermag also nicht einer Melodielinie zu folgen, die als horizontale Reihung von Tönen angelegt ist: er würde das innere Gefühl für die Gesamtheit der modalen Struktur verlieren. Wenn ein Musiker eine im Modus vorher festgelegte Melodie zu singen versucht, singt er sie falsch beziehungsweise nur sehr entfernt richtig, weil ihm der Gefühlsgehalt des Modus abhanden gekommen ist. Noch bedenklicher wird die Sache, wenn er nach Noten spielt. Um dies überhaupt fertigzubringen, müßte er sich mechanischer oder elektronischer Instrumente bedienen, bei denen die Genauigkeit der Töne und die Art des Einsatzes nicht vom Gehör oder Gefühl des Ausführenden abhängen. Das gleiche gilt für die Rhythmik, die eine lebendige innere Erfahrung sein muß und die an Ausdruckskraft und Intensität des Gefühls verliert, sobald sie nach einem schriftlich fixierten Notenbild ausgeführt wird. Der Musiker reagiert etwa wie der Zeichner, der ein Porträt anfertigt und das Profil seines Modells in Striche umzusetzen versucht. Bitten wir ihn, den Schwung seiner Hand zu wiederholen, ist er dazu nicht imstande, denn die Bewegung der Hand erfolgt unbewußt, während das Bewußtsein auf das zu zeichnende Profil fixiert ist. Die einzelnen Bewegungsphasen der

Künstlerhand sind vergleichbar der Tonfolge oder Melodie, die dem schöpferischen Musiker dazu dient, die Konturen des Modus darzustellen.

Die Komposition folgt festen Regeln. Sie zerfällt in mehrere Teile, die in Stil, Form und Tempo unterschiedlich sind. In jedem dieser Teile kommen Grundformen vor, beispielsweise melodische Ornamente oder *tana*-s sowie ebenfalls unterschiedliche Spielarten oder Möglichkeiten des Stimmeinsatzes. Dem Musiker steht also eine ganze Reihe deutlich ausgeprägter Formen und Stile zur Verfügung, auf die er für seine Improvisation zurückgreifen kann.

Der Musiker muß zunächst darin Übung erlangen, sich über die Töne des Modus klar zu werden. Er trägt diese Töne ausführlich, einen nach dem anderen, in einem sehr ausgefeilten Adagio vor. Im Nu wandelt sich die Leiter des Modus zu einem geistigen Bild: zur sinnlichen Wahrnehmung des *Râga.* Von diesem Augenblick an werden die Intervalle mit äußerster Präzision gesetzt, nehmen sie einen festumrissenen emotionalen Ausdrucksgehalt an. Es wird dem Musiker fast unmöglich, einen Ton zu spielen oder zu singen, der nicht Bestandteil des Modus ist. Auch die Zuhörer werden von der Gefühlsstimmung des *Râga* ergriffen. Nach genau festgelegten Kompositionsregeln beginnt der Musiker sodann, auf der Skala des Modus gewissermaßen umherzuwandern, indem er sie mit Arabesken, Verzierungen und melodischen Motiven umspielt, ohne jedoch seine geistige Konzentration auch nur im geringsten von der Skala des Modus abzuwenden. Deshalb ist auch jede feststehende Melodie unmöglich, lenkt sie doch nur von der Konzentration auf den Modus ab und beeinträchtigt die Präzision und die Bedeutung der

Intervalle. Die melodische Musik, das Lied ist also entgegen einer sehr verbreiteten Vorstellung das Gegenteil der modalen Musik und mit dieser unvereinbar. Das besagt freilich nicht, daß nicht bestimmte, vorher festgelegte melodische Themen verwendet werden können, doch müssen diese ziemlich kurz sein, um die Aufmerksamkeit nicht vom Modus abzulenken. Einige charakteristische Motive eines Modus werden sogar als wesentlich angesehen und die Form (rûpa) des Modus genannt.

Man muß also, um indische Musik zu "hören", sein Gedächtnis schulen und es lehren, die aufeinanderfolgenden einzelnen Töne oder "musikalischen Wörter" zu speichern und mit ihrer Hilfe nach und nach die innere Struktur zu errichten, die den Modus mit seiner Ästhetik und seinem Bedeutungsgehalt ausmacht. Dies ist eine ziemlich leicht zu bewältigende Übung, die auch dem weniger vorbereiteten Hörer verhältnismäßig schnell gelingt.

I. Geschichte und Legende

Historische Quellen

Die Anfänge der indischen Musik verlieren sich in der Vorgeschichte. Den altindischen Werken mythologischen und historischen Inhalts – den sogenannten Purâna-s – zufolge war es der Gott Shiva selber, der, meist als lüsterner Jüngling nackt im Urwald umherstreifend dargestellt, bereits sechstausend Jahre vor unserer Zeitrechnung die Menschen Musik und Tanz lehrte. Diese Zeitangabe ist keineswegs willkürlich, sondern durch die ausführlichen und bis in diese Epoche reichenden Stammbäume von Weisen und Königen belegt. Die Historiker Alexanders des Großen, der Nordindien etwa 300 v. Chr. besuchte, teilen uns mit, daß die Inder den Ursprung der Tonkunst auf die Lehren des Dionysos, das heißt Shivas, sechstausend Jahre vor Alexander zurückführten, was beweist, daß das Entstehungsdatum der Purâna-s schon im vierten vorchristlichen Jahrhundert bekannt war.

Als etwa im dritten Jahrtausend v. Chr. die wedischen Arier sich in Nordindien niederließen, brachten sie eine Religion, Sprache, Kultur und Musik mit, die sich insgesamt grundlegend von den autochthonen Formen unterschieden. Die Hindu- oder brahmanische Kultur ist das Ergebnis der allmählichen Verschmelzung zweier Kulturen, zu denen nach und nach noch andere Elemente hinzukamen, insbesondere die Kultur Südindiens. Auf musikalischem Gebiet bewahrten die verschiedenen Traditionen eine große Autonomie, die sich noch bis in unsere Zeit bemerkbar macht. In der klassischen Epoche und bis zum 14. Jahrhundert sprechen die Theoretiker von vier völlig verschiedenen musikalischen Hauptsystemen, von denen wir noch heute sowohl in der Kunst- wie auch in der Volksmusik bestimmte Merkmale wiedererkennen können.

In Indien gibt es heute noch zwei große Musiksysteme: das im Süden und das nördliche, in dem wir zwei sehr vermischte Traditionen erkennen können, die alte autochthon-shivaitische und die arisch-wedische Tradition.

In den *Puranâ*-s, den Werken der Grammatiker und den ersten Abhandlungen über die Musik sind zahlreiche alte Autoren erwähnt, die über die Musiktheorie geschrieben haben. Einige der ihnen zugeschriebenen Fragmente haben sich bis heute erhalten, lassen sich aber nicht datieren. Die erste bedeutsame Abhandlung, von der wir mit Sicherheit wissen, daß sie aus der Zeit vor dem dritten vorchristlichen Jahrhundert stammt, ist das *Gîtâlamkara* des Weisen Bharata, ein (von Alain Daniélou im Institut Français d'Indologie mit französischer Übersetzung herausgegebener) Sanskrittext, von dem ein Teil in dem sogenannten *Pantschatantra*, einem altindischen Fabelbuch aus dieser Zeit, zitiert ist. Später, bis ins 15. Jahrhundert hinein, wurde eine riesige Zahl von Sanskritwerken über die Musiktheorie verfaßt, von denen rund tausend noch immer nur als Manuskript existieren. Erst eine verschwindend geringe Zahl wurde bisher veröffentlicht. Nach dem 15. Jahrhundert sind die meisten Werke über Musik in anderen Sprachen als Sanskrit geschrieben, vor allem in Persisch, der offiziellen

Sprache des Mogulreiches von Delhi, aber auch in Hindi, Bengali, Mahrati, usw. In Südindien sind die Bücher in Tamil, Telugu, Kânadâ und Malayalam abgefaßt.

Systeme

Der heilige Charakter der wedischen Literatur und des Sanskrit hatte zur Folge, daß während des indischen Mittelalters sämtliche wissenschaftlichen und künstlerischen Theorien als Exegese der wedischen Texte angesehen wurden, die eine Zusammenfassung des gesamten offenbarten Wissens darstellen sollen. Unter dem Namen *Gândharva Veda* (Weda der himmlischen Musiker) wurden zahlreiche Texte vereinigt, die die metaphysischen und physikalischen Eigenschaften des Klanges, Semantik, Symbolismus, Geschichte und Theorie der Musik sowie die künstlerische, magische, therapeutische usw. Anwendung der Schallphänomene zum Inhalt haben.

Diese breitgefächerte Musiktheorie, deren Texte heute nicht mehr existieren, wenn auch noch einige entprechende Abrisse vorhanden sind (vgl. Motilal Sharma Gaud, *Hindutva* [in Hindi], Dschaipur, 1929), kennt vier Musiksysteme unterschiedlicher Herkunft – die sogenannten vier *Mata*-s oder "Theorien", versucht aber bereits, sie in einer gemeinsamen Theorie zu vereinen. Dieses theologisch bedingte Streben nach Vereinheitlichung durchzieht die ganze Geschichte der indischen Musiktheorie seit über zwei Jahrtausenden, wiewohl in der Praxis die Vereinigung nie zustande kam. In der Tat gestatten die exegetischen Methoden jedem, die Texte zu deuten, indem man den Sinn einfach entstellt bzw. verfälscht, um lediglich zu beweisen, daß die eigene Methode die richtige ist. Davon abweichende Systeme werden dann als Verdrehungen, als Entartungen einer ursprünglich einheitlichen Theorie erklärt, während es sich in Wirklichkeit genau umgekehrt verhält. Es handelt sich um deutlich ausgeprägte Musikkulturen unterschiedlicher Herkunft, die eine allmähliche wenn auch unvollständige gegenseitige Beeinflussung erfuhren. Dies gilt vor allem für die Musik des Nordens, Hindusthani, und die südliche oder karnatische Musik, zwei Musikformen, die sich in Grundlage, Stil, Ursprung und Konzeption zwar durchaus unterscheiden, sich aber beide auf die gleichen Texte beziehen. Ähnlich liegen die Dinge bei der indonesischen Musik zur Zeit der indischen Vorherrschaft, die zu Beginn der christlichen Ära einsetzt.

Der Legende nach wird die Kodifizierung der vier Systeme Shiva, Hanumant, Bharata und Soma zugeschrieben.

Das Shiva-System

Die Shiva zugeschriebene Musiklehre geht auf die vorwedische Epoche zurück und liegt noch vor dem Einfall der Arier. Es hat durchaus den Anschein, daß dieses System in Indien selbst entstanden ist. Während der ganzen klassischen Zeit an die Peripherie des arischen Kulturkreises verwiesen, hat es sich gleichwohl eine erstaunliche Lebenskraft bewahrt, und obwohl es im Lauf seiner Geschichte in den musiktheoretischen Werken fast übergangen wird, stoßen wir in allen Epochen auf Beweise seiner Existenz und seiner Bedeutung. Dieses System hat auch die Musik Indonesiens und Indochinas geprägt, die etwa im 6. Jahrhundert unter seinen Einfluß gerieten. Selbst im heutigen Indien zeichnet sich die Tendenz ab, daß das Shiva-System wieder seinen Platz vor der abstrakteren klassischen Theorie einnehmen wird.

In diesem System, dessen Klassifikationen eher auf der Vokal- als auf der Instrumentaltechnik beruhen, sind die Modi in pentatonische Formen, die als männlich aufgefaßt werden, und in heptatonische Formen eingeteilt, die sich von den fünftönigen ableiten und die man sich mit weiblichen Attributen ausgestattet zu denken hat. Es gibt eine Reihe männlicher Fünftonskalen, die sogenannten *Râga*-s, ein Wort, das "Stimmung" bedeutet, denn jeder *Râga* soll einen spezifischen Gemütszustand verkörpern. Jedem dieser Modi ist eine Anzahl von "Gattinnen", die *Râgini*-s, zugeordnet, die siebentönig und den männlichen Modi verwandt sind, aber einen weniger bestimmten, weniger absoluten, dafür stärker nuancierten Charakter aufweisen.

Untergeordnete Modi, die zu jeder der beiden Gruppen gehören, werden als die Söhne der Hauptmodi angesehen.

Auf Java, wo der Einfluß dieses Systems während der indischen Kolonisation (im 6. – 9. Jahrhundert) besonders nachhaltig war, heißen die fünftönigen Modi noch heute *Slendro* (*Shilendra:* der Herr der Tugenden, einer der Beinamen Shivas).

Die pentatonischen Modi

Die pentatonischen Hauptmodi des Shiva-Systems lassen sich auf verschiedene Weise einteilen; im allgemeinen handelt es sich jedoch um die folgenden zehn:

Bhairava						
(heute Gunakalî)	C	Des	F	G	As	C
Mâlakosha	C	Es	F	As	B	C
Shrî	C	Des	F	G	H	C
Hindola	C	E	F	A	H	C
Megha	C	D	F	G	B	C
Sâranga	C	D	F	G	H	C
Bhûpâla	C	Des	Es	G	As	C
Bhûpâlî	C	D	E	G	A	C
Vibhâsa	C	Des	E	F	(Fis)	A C
Durgâ	C	D	F	G	A	C

Die ältesten Werke erwähnen nur sieben Modi; Hinweise auf die letzten drei fehlen.

Das Soma-System

Das südindische oder sogenannte karnatische Musiksystem ist offenbar trotz wiederholter Bemühungen, es mit der Theorie Bharatas in Einklang zu bringen, ein eigenständiges System, dessen Theorie wahrscheinlich auf Soma zurückgeht.

Das Hanumant-System

Die traditionelle Musik und die Vokalmusik Nordostindiens leiten sich angeblich von der Theorie Hanumants her. Dies ist jedoch weder erwiesen noch einleuchtend. Es gibt zwar einige in Sanskrit abgefaßte technische Werke, die der Schule Hanumants zugeschrieben werden, deren Manuskripte wir aber bisher nicht herausgeben konnten. Erst nach der Veröffentlichung und Auswertung dürften wir imstande sein, die Theorie des Hanumant-Systems aufzustellen und dessen möglichen Einfluß vor allem auf die Musiktradition Bengalens nachzuweisen.

Das klassische oder Bharata-System

Die große klassische Theorie der indischen Musik ist mit der der altgriechischen Musik verwandt. Ihr Studium bildete zu allen Zeiten einen bedeutenden Zweig der indischen Wissenschaft und so können wir ihren Entwicklungsgang, den sie seit zweitausend Jahren genommen hat, leicht verfolgen.

Die in Nordwestindien, besonders im heutigen Afghanistan, gegründeten griechischen Reiche, die vom zweiten vorchristlichen bis zum sechsten nachchristlichen Jahrhundert bestanden, übten auf Wissenschaften und Künste, vor allem aber auf die Musiktheorie Indiens einen entscheidenden Einfluß im Sinne des Abendlandes aus. Einteilungen wie die der *Mûrch'hanâ*-s, d. h. die Klassifizierung der Modi als plagale Formen eines Grundmodus, indem man nacheinander jede Saite einer nach einer sogenannten "Ur"- oder "Natur"skala gestimmten Harfe als Ausgangspunkt nimmt, gehen wahrscheinlich auf Einflüsse griechischer Theoretiker zurück. Aus alten Texten, wie z. B. dem *Shilappadhikâram* (Roman des Ringes) von Ilangôvadigal wissen wir, daß es zu Beginn der christlichen Ära sogar in Südindien von "griechischen" Seefahrern, Kaufleuten, Söldnern, Sklaven und Künstlern nur so wimmelte.

Obwohl es noch frühere wenn auch nur fragmentarische Schriften gibt, ist das größte Werk über die klassische Musiktheorie, das sich vollständig erhalten hat, das *Nâtya Shâstra*, das dem Weisen Bharata zugeschrieben wird. Das *Nâtya Shâstra*, so wie wir es heute kennen, stellt ein ziemlich ungeordnetes Sammelwerk aus älteren Schriften dar. Diese kompilatorische Tätigkeit muß etwa im zweiten vorchristlichen Jahrhundert begonnen und in ihrer gegenwärtigen Form im vierten Jahrhundert n. Chr. abgeschlossen worden sein.

Andere Traditionen

Außer den drei großen, noch heute lebendigen Musiktraditionen, der drawidischen im Süden, den dionysisch-shivaitischen und arisch-wedischen im Norden, finden sich in Indien, wenn auch heutzutage in populären Formen, noch Überreste von völlig andersgearteten Musiksystemen. Zunächst sind die der primitiven Volksstämme zu nennen, der Santal, Gond usw. im Norden sowie der Toda in den südindischen Bergen. Diese Stämme, die meistens Munda-Sprachen sprechen, lehnen den Ackerbau oft ab und sind mit der ältesten Bevölkerung Malaysias und wahrscheinlich mit den Australiden verwandt. Sie bewahren Musiktraditionen, die keinerlei Ähnlichkeit weder mit der klassischen Hindu-Kunst des Nordens oder Südens noch mit den davon abgeleiteten volkstümlichen Formen aufweisen.

Im übrigen finden sich auch in einigen Gegenden des Himalaya Volksstämme mit sehr archaischen Musikformen, die mit den alten shivaitischen, nicht mit den arischen Formen verwandt sind. Das gleiche gilt für die Musiktraditionen bestimmter Volkskasten, deren Musiksystem sich von dem anderer indischer Stämme wesentlich unterscheidet. Dies ist bei den Ahir der Fall, einer über Nordindien verbreiteten Viehzüchter- und Hirtenkaste, die mit den primitiven Stämmen verwandt ist. Darüber hinaus gibt es viele andere ähnlich gelagerte Fälle, die noch nie untersucht wurden. Nepal und die nordwestlichen Provinzen gehören zur tibetischen Musikfamilie. Man findet dort pentatonische Formen vom transponierenden chinesischen Typus, die von den pentatonisch-modalen shivaitischen Formen völlig abweichen.

Mongolische und persische Einflüsse

Die Einfälle der Mongolen und Perser nach Nordindien seit dem Beginn des 12. Jahrhunderts führten zur Auflösung der indischen Gesellschaft und Kultur. Die frisch zum Islam konvertierten Mongolen führten sich als unduldsame Fanatiker auf. Da ihre Musikkultur jedoch völlig unentwickelt war, wirkte sich ihr Einfluß lediglich zerstörend aus.

Im 14. Jahrhundert wurde der Hof in Delhi rein persisch, und auch die offizielle Sprache des Mogulreiches war von nun an das Persische. Zahlreiche Künstler und Musiker türkischer und iranischer Abkunft wurden nach Delhi berufen. Die bildenden Künste, insbesondere die Malerei, waren einem starken persischen Einfluß ausgesetzt, der sich noch heute nachweisen läßt.

Für die Musik traf das jedoch nicht zu. Musiker, Künstler und Gelehrte am Hof von Alâ ud dîn, Shâh Jahân oder Akbar im 15. und 16. Jahrhundert waren über das kunstvolle Raffinement der indischen Musik erstaunt. Die iranischen Musiker am Hofe von Delhi hatten nur einen sehr geringen Einfluß auf die indische Musik, die im Gegensatz zur persischen oder arabischen Musik nicht nur einen anderen Charakter und eine andere Spieltechnik besitzt, sondern auch viel weiter entwickelt ist. Außer in den kleineren Formen wie dem *Ghasel* haben sich von der Einflußnahme der persischen Tonkunst auf die indische Musik keinerlei Spuren erhalten. Es handelt sich eben um zu verschiedene Systeme, als daß sie sich vermischen könnten, ohne sich gegenseitig zu vernichten.

Vor den mohammedanischen Einfällen nahm die Musik in Indien eine sehr bedeutende Stellung ein. Die aus dem 10.–13. Jahrhundert stammenden Werke über Theorie, Technik und Philosophie der Musik lassen auf eine hochentwickelte Tonkunst schließen. In den alten Schriften gibt es keine Trennung zwischen Musik, Tanz und Theater. Diese drei Kunstgattungen werden unter dem Namen *Nâtya* zusammengefaßt. Jeder Fürstenhof, jeder Tempel hielt sich eine große Zahl von Künstlern, die eine Ausbildung bei berühmten Meistern genossen hatten. Die Darbietungen waren für das Königshaus oder die breite Öffentlichkeit bestimmt.

Es dauerte nicht lange, bis die mohammedanischen Eroberer sich für eine Kunst zu interessieren begannen, die die der anderen Länder bei weitem überragte. Zu Beginn des 14. Jahrhunderts schrieb Amir Khusru, der berühmte Dichter und Musiker am Hofe von Alâ ud dîn Khilji (1295–1315): "Die indische Musik – ein Feuer, das Herz und Seele entflammt – ist der Musik aller anderen Länder überlegen. Fremden, selbst wenn sie sich dreißig oder vierzig Jahre in Indien aufgehalten haben, gelingt es nicht, auch nur eine einzige indische Melodie richtig zu spielen. Die indische Musik bezaubert nicht nur die Menschen, sondern sogar die Tiere. Die Hirschkühe werden von Jägern mit Hilfe der Musik eingeschläfert" (Nuh Si-pihr).

Amir Khusru schrieb über sich selber: "Obwohl türkischer Herkunft, suche ich meine Inspiration nicht in Ägypten und besinge nicht die Schönheiten Arabiens. Meine Leier ist nur auf indische Musik eingestimmt." Feroze Shâh, der sehr fromm war, liebte die indische Musik, denn sie hob, wie er fand, seine Gedanken zur Betrachtung des Göttlichen empor.

Das Interesse, das fremde Krieger den Künsten eines eroberten Landes entgegenzubringen vermochten, äußerte sich mitunter auf recht brutale Weise. Es war nicht verfeinerte höfische Atmosphäre, die die Musiker nach Agra oder Delhi lockte; man hatte sie dorthin vielmehr als ein Teil der Kriegsbeute gebracht. So ließ Malik Kafir zehntausend Musiker und Tänzer mit ihren brahmanischen Lehrmeistern abtransportieren und siedelte sie auf Befehl von Alâ ud dîn Khilij in Delhi an. Feroze Shâ Bahmani, der von 1397 bis 1422 über Gulbarga herrschte, verlangte von der Stadt Vijayanagar die Auslieferung und Überlassung von zweitausend Sängern und Tänzern beiderlei Geschlechts. Alâ ud dîn Bahmani Shâh, der von 1435 bis 1457 regierte, ließ ebenfalls tausend Sänger aus einem Hindu-Tempel in dem von ihm eroberten Südindien fortschaffen.

Außer Amir Khusru und einigen Musikern, die aus Persien gekommen waren, stammten alle bedeutenden Musiker am Hofe der Mogulkaiser aus Indien, so aus Gwalior, Rewa, Amber, Vijayanagar, Kalinjar, Tanjore und anderen Hindu-Reichen. Dennoch erwies sich das Klima am Hofe von Delhi als ungünstig für die Künstler, die einer anderen Religion angehörten als die Machthaber. Relativ sicher konnten sich nur die fühlen, die wie Tânsen und Samokhana Simha (Naubad Khân) sich zum Islam bekehrten. Aber auch für sie blieb die königliche Gunst eine Frage der Person, denn jederzeit konnte das Wohlwollen des Hofes in Verfolgung umschlagen. Als der berühmte Sänger Sadârang (Niyamat Khân) einmal das Mißfallen des Kaisers Muhammad Shâh erregt hatte, wurde er zum Tode durch Erhängen verurteilt. Die Henker trugen jedoch Bedenken, einem so berühmten Künstler das Leben zu nehmen, und ließen ihn unter der Bedingung entkommen, daß er seinen Namen änderte und sich für immer versteckt hielt. Zwölf Jahre später kehrte er unter falschem Namen an den Hof zurück und wurde einer der geschätztesten Musiker seiner Zeit.

Mehrere Kaiser, vor allem Akbar, zeigten sich an Musik interessiert. Akbar selber hatte, obwohl er Analphabet war, Melodien komponiert, die seine Höflinge für geniale Werke hielten.

Unter Aurangzeb erfuhr die Musik einen plötzlichen Niedergang. Aurangzeb verabscheute die Musik und verachtete die Musiker. Im elften Jahr seiner Herrschaft verbot er die Musik, da sie seiner Meinung nach im Widerspruch zu den

Geboten des Islam stand. Obwohl fast alle Hofmusiker sich zum Islam bekehrt hatten, wurden sie entlassen und in den Ruhestand versetzt. “Aurangzeb tat sein Bestes, um Musik und Tanz völlig abzuschaffen. Er folgte somit dem Beispiel des Propheten, der – ohne Ohr für die Musik geboren – die Erfindung der Harmonie leichten Herzens dem Teufel zuschrieb. Freilich trifft es zu, daß die indischen Musiker wegen ihrer Lebensweise berüchtigt waren, die mit den sehr strengen Moralvorstellungen Aurangzebs nur schwer in Einklang zu bringen waren. Die Konzerte waren nicht gerade Veranstaltungen, bei denen man sich der Nüchternheit befleißigte. So beschloß der Kaiser, die Musik abzuschaffen, und erließ dementsprechende strenge Edikte. Die Polizei zerstreute musikalische Zusammenkünfte und die Instrumente wurden verbrannt” (Stanley Lane-Poole, *Life of Aurangzeb,* S. 101)

Der Legende zufolge arrangierten die Musiker in dem Bestreben, auf ihr Mißgeschick aufmerksam zu machen, einen Leichenzug und zogen mit großem Pomp, einen prächtig geschmückten Sarg tragend, vor dem kaiserlichen Balkon des Forts von Delhi vorüber. Als Aurangzeb nach dem Anlaß fragte, sagte man ihm, es handle sich um das Leichenbegängnis für die Musik, die durch seine Befehle getötet worden sei und jetzt von seinen Kindern beweint werde. “Ich billige ihre Frömmigkeit”, erwiderte der Kaiser, “möge das Grab tief genug sein, damit die Musik nie wieder ihre Stimme erheben noch Widerhall finden kann.”

Freilich stellten die letzten Moguln die Musiker erneut unter den Schutz und das Wohlwollen des kaiserlichen Hofes. Muhammad Shâh, den man *Rangilé*, d. h. Freund der Vergnügungen nannte, war ein großer Musikliebhaber.

Die im heutigen Indien kursierende Legende, daß die nordindische Musik infolge islamischer Einflüsse von der südindischen getrennt worden sei, entbehrt offensichtlich jeder Grundlage. Doch läßt sich der Ursprung dieser Legende leicht erklären. Am Hofe der Mogulkaiser mußten viele Musiker sich bekehren lassen, um ihre Stellung zu behalten. Es wurde auch nicht gern gesehen, wenn offiziell Werke aus der musikalischen Tradition der Ungläubigen gespielt wurden. Die Musiker führten also als Neuschöpfungen die musikalischen Formen der Vergangenheit auf. Modi, Stile und Instrumente wurden mit persischen Namen bezeichnet, aber die Musik änderte sich deswegen nicht. Noch heute existieren Nachfahren dieser Musikerdynastien mit mohammedanischen Namen, die in ihrem Hause Hindu-Gottheiten verehren und die Gebote Brahmas befolgen. Die Musik, die sie spielen, hat nichts Arabisches noch etwa Persisches an sich. Die Liedtexte stützen sich auf Götterlegenden und die mystisch-philosophischen Anschauungen des Hinduismus, selten auf die Lehren des Islam, der übrigens in seinen puritanischen Formen gegenüber der Musik feindlich eingestellt ist. Die ersten Araber haben keinen sehr bedeutenden Beitrag zur Musik geleistet. Die berühmten arabisch schreibenden Theoretiker wie Al Farabi (um 872 in Persien geboren) und Avicenna (980 in Absanah bei Balkh geboren) waren türkischer Herkunft und entstammten dem persischen Kulturkreis. Sie vereinigten diejenigen Formen der alten Musik des Mittleren Orients, die die islamische Eroberung überstanden hatten, und interpretierten die persische und türkische Musik nach der griechischen Theorie.

Das letzte große Werk in arabischer Sprache, das unter dem Einfluß der griechischen Theorie steht, ist das *ar Risalah al*

Fâthîyyah von Abdul Hamid al Ladhiki, das in die Epoche von Babur (1483–1530), des Begründers der Mogul-Dynastie in Delhi, fällt.

Den indischen Musikern ist während der mohammedanischen Periode offenbar nichts von dieser Literatur bekannt gewesen, denn in der indischen Musik findet sich keine Spur weder des arabischen noch des persischen Systems. Zwar verfaßten viele indische Musiker *Ghaselen* und Lieder in Persisch, aber diese musikalisch leichtgewichtigen Formen vermochten in keiner Weise Einfluß auf die ernste Musik gewinnen.

Bei der Gelegenheit erhielten einige Modi perische Namen. Pundarika Viththala gibt in seinem *Râga Manjarî* (16. Jahrhundert) die persischen Bezeichnungen der Modi zusammen mit ihrem klassischen indischen Namen an.

Einige dieser persischen Namen haben sich bis in unsere Zeit erhalten, aber dort hört der islamische Einfluß auf. Manche unter dem Einfluß persischer *Dastgah*-s entstandene *Râga*-s wie *Zilaph, Sâzagiri, Sarpardâ*, usw. wurden angeblich von Amir Khusru eingeführt. Sie sind heute nicht mehr in Gebrauch.

Von der Theater- zur Kammermusik

Die Hauptform der musikalischen Betätigung während des indischen Mittelalters war das Musiktheater. Überall gab es Schulen, wo Tänzer, Schauspieler und Musiker seit ihrer Kindheit eine systematische technische Ausbildung erhielten. In allen Hauptstädten gab es Lehrer und Musiker, deren Technik, nach den gelehrten Abhandlungen zu urteilen, beachtlich gewesen sein muß.

Als Babur 1526 Delhi einnahm, war die nordindische Theaterkunst bereits im Niedergang begriffen, und die Zerstörung der Tempel, Universitätszentren und Provinzhauptstädte nahm während der gesamten mohammedanischen Ära ihren Fortgang. Alle Formen der großen Tempel- und Theatermusik verschwanden nach und nach. Nur die intimsten Formen – Kammermusik und Andachtslieder – konnten sich erhalten.

Lediglich in den vom Zentrum am weitesten entfernten Gegenden bestehen auch weiterhin Reste des ehemaligen Musiktheaters. Hauptschulen sind das *Kathâkali* von Malabar, das *Krishnakali* von Calicut, das *Bharata-natyam* von Tanjore, die *Chhau*-Tänze von Saraikella, das *Kuchapudi* von Andhra, die Hoftänze im *Manipuri*-Stil sowie – in einer volkstümlich gewordenen Form – die *Râma-lîlâ*-s und *Krishna-lîlâ*-s der nordindischen Dörfer.

Am mongolischen Hof beschränkte sich die Musik auf die Unterhaltung und das Vergnügen einiger weniger Kenner. Die Musiker wurden wie fahrende Spielleute aus Arabien oder Zentralasien behandelt, die man aufgefordert hatte, im Zelt eines Anführers ein paar Lieder zu singen. Dies stellte eine tiefgreifende Veränderung gegenüber den großartigen Aufführungen früherer Epochen dar, ein Wechsel, dem in der Malerei der Übergang vom Fresko zur Miniatur entsprach. Diese Veränderung findet ihren Niederschlag auch in den musiktheoretischen Schriften, die von diesem Zeitpunkt an Theater und Tanz mit keiner Silbe erwähnen.

II. Theorie

Musiktheorie

Da dieses Buch eine Einführung in die heutige indische Musik zum Ziel hat, sollen hier die Klassifikationen und Theorien sowie die altindische Terminologie nur insoweit ausführlich abgehandelt werden, als sie noch heute in Gebrauch sind oder die heutige Verwendung erläutern helfen.

In Indien kommt genau wie überall die Theorie nach der Praxis. Sie stellt ein Bemühen der Techniker dar, das logisch zu erklären, was die Musiker durch Tradition und aus Instinkt tun. Die Änderungen in der Theorie spiegeln die akustischen und physikalischen Kenntnisse einer Zeitepoche wider, aber die Tatsache, daß sich die Theorien ändern, besagt nicht unbedingt, daß die Musik sich ebenfalls ändert.

Sobald die Theorie die Oberhand gewinnt und die Musiker sich an sie pedantisch genau zu klammern bestrebt sind, wird die Musik ein artifizielles Gebilde und stirbt. Keine Theorie in keiner Kultur ist hinreichend genau detailliert, um Gefühlselemente und echte Vortragsnuancen, die wir mitunter in Ermangelung eines Besseren als Interpretation bezeichnen, zu berücksichtigen. Deshalb gibt es im eigentlichen Sinn auch keine unabhängig von einer Tradition niedergeschriebene Musik. Schriftlich fixierte Musik ist immer nur ein Teil des musikalischen Bauwerks und nicht in jedem Fall unbedingt der wichtigste.

Intervalle (Shruti-s)

Für fast alle Töne der Leiter (außer dem Grundton und der Quinte) existieren Abweichungen in der Höhe der Töne, die in den verschiedenen Modi Anwendung finden und unterschiedliche Gefühlsstimmungen ausdrücken.

Die indische Musik kennt zum Beispiel dreierlei kleine Terzen und zwei Arten von großer Terz, während es in der westlichen Musik theoretisch jeweils nur eine kleine und eine große Terz gibt. Tatsächlich machen westliche Musiker zwischen einem Dis und einem Es einen Unterschied, der aber rein willkürlich und ungenügend definiert ist. In der indischen Musik sind diese Intervalle äußerst präzis und führen zu einer Grundeinteilung der Oktave in 66 ungleiche Intervalle, von denen 22 in der gegenwärtigen Musizierpraxis Anwendung finden. Diese 22 Intervalle heißen *Shruti*-s (d. h. hörbare [Töne]) und bilden die Skala, auf der sich die sieben Töne der Leiter entsprechend den verschiedenen Modi oder *Râga*-s verschieben.

In diesem System finden wir die enharmonische Teilung der Griechen wieder. Die 22 Intervalle (die Griechen zählen 24) entsprechen den Hauptzusammenklängen. Jedes dieser Intervalle besitzt den indischen Theoretikern zufolge einen genau umrissenen Ausdruckswert; die Wahl eines bestimmten *Shruti* für jeden Ton bestimmt dessen Bedeutungsgehalt. Ihre Gesamtheit legt folglich den Ausdruck des Modus fest. Anders ausgedrückt: Ein etwas höher oder etwas tiefer gesungener Ton erhält dadurch eine andere Bedeutung, die die Theorie der *Shruti*-s zu definieren sucht.

Zusammenstellung der Shruti-s

Im folgenden wird die am meisten gebräuchliche klassische Liste der *Shruti*-s wiedergegeben. (Die in Klammern gesetzten Interpretationsangaben stammen von heutigen indischen Musikern. Die Zeichen + und – bedeuten gegenüber der nichttemperierten natürlichen Tonleiter eine Erhöhung bzw. eine Erniedrigung um ein Komma (81/80 oder 20 Cent).

1. Tîvrâ (intensiv, stechend) B +
2. Kumudvatî (weißer Lotus) H
3. Mandâ (langsam, pervers) H +
4. Chhandovatî (Maß der Töne) *C (Grundton)*
5. Dayâvatî (mitfühlend, zärtlich) Des –
6. Ranjanî (farbig, ausschweifend) Des
7. Ratikâ (genießerisch, wollüstig) D
8. Raudrî (brennend, schrecklich) Es –
9. Krodhâ (zornig, wütend) Es
10. Vajrikâ (streng, unverschämt) Es +
11. Prasârinî (durchdringend, schüchtern) E
12. Prîthi (schwärmerisch, verliebt) E +
13. Marjanî (läuternd) F
14. Kshitih (schwächend, zerstörerisch) Fis –
15. Raktâ (rot, leidenschaftlich) Fis
16. Sandipanî (begeisternd, anregend) Fis +
17. Alâpini (sprechend, plaudernd) G
18. Madantî (frühlingshaft, berauschend) As
19. Rohinî (junges Mädchen, Entwicklung) As +
20. Ramyâ (beruhigend, gelassen, bequem) A
21. Ugra (grausam, mächtig, erschreckend) A +
22. Kshobhinî (unentschlossen, aufgeregt) B

Töne (Svara-s)

In der fortlaufenden Skala der Töne, die man erhält, wenn man den Finger auf der Saite eines Instruments entlanggleiten läßt, kommt es uns so vor, als hätten bestimmte, genau festgelegte Punkte einen ganz spezifischen Charakter, eine präzise Bedeutung. Solche Töne sind zum Beispiel das, was wir Quinte, Quarte, die verschiedenen Terzen, usw. nennen. Wir behaupten, daß diese Töne richtig sind, und wenn wir den Finger nur um ein geringes verschieben, kommt es uns so vor, als sei der Ton ungenau und als klinge er falsch. Das Sanskrit-Wort für die Töne der Leiter ist *Svara*, wörtlich: "das, was an sich eine Bedeutung hat". Jeder der *Shruti*-s kann ein *Svara*, ein Ton, gegenüber dem Grundton bzw. der Tonika sein, doch dürfen nicht alle zur gleichen Zeit verwendet werden. Die aufeinanderfolgenden *Shruti*-s stellen die verschiedenen Positionen eines Tones dar, den wir uns mehr oder weniger brillant, mehr oder weniger abgeschwächt wünschen.

Die klassische Theorie kennt sieben Haupttöne und zwei Nebentöne, die zur Bildung der Modi verwendet werden. Die Haupttöne heißen *Shadja* (Vater-der-sechs-anderen), *Rishaba* (Stier), *Gândhâra* (parfümiert), *Madhyama* (Mese, mittlerer Ton), *Panchama* (fünfter Ton), *Dhaivata* (subtil, ausgewogen) und *Nishâda* (sitzend). In der Praxis werden die Töne mit der ersten Silbe ihrer Namen bezeichnet, also: *Sa Ri Ga Ma Pa Dha Ni.* In Anlehnung an das indische System dürfte Guido von Arezzo im 11. Jahrhundert auf den Gedanken gekommen sein, die Töne mit sangbaren

Silben zu bezeichnen. Er wählte dazu die ersten Silben der Verse des Johannes-Hymnus von Paulus Diaconus "Ut queant laxis".

Die Nebentöne heißen *Antara Ga* (Zwischen-*Gândhâra)* und *Kâkalî Ni* (abgeschwächter *Nishâda).* Diese Töne haben ihren Platz zwischen *Ga* und *Ma* sowie zwischen *Ni* und *Sa.* Daraus können wir ableiten, daß die Grundtonleiter nie die europäische Dur-Tonleiter sein konnte, sondern eine Skala mit kleiner Terz und kleiner Septime. Je nach der Epoche dürfte die indische Musik auf der folgenden diatonischen Grundskala beruht haben:

	C	Des	Es	G	As	B	C	
später:	C	D	Es	F	G	A	B	C.

Seit Beginn des 19. Jahrhunderts ist die Grundskala in der nordindischen Musik die westliche Dur-Tonleiter, während die beiden Nebentöne nicht mehr zum System gehören und durch Erniedrigungszeichen vor vier Tönen (D E A H) sowie ein Erhöhungszeichen für das F ersetzt wurden.

In Südindien bleibt die theoretische Grundskala ähnlich wie die griechische chromatische Leiter aufgebaut. Die Töne *Sa Ri Ga Ma Pa Dha Ni* entsprechen unseren Tonbezeichnungen C Des E F G As A C. In diesem System wird *Antara Ga* zu Es und *Kâkali Ni* zu B. Offenbar liegt hier eine sehr alte Tonleiter vor, vielleicht sogar die ursprüngliche Form eines der *Grâma*-s.

Grundstimmungen (Grâma-s)

Die Gesamtheit der *Svara*-s, der Töne, die in ein und derselben Leiter verwendet werden können, beträgt in einer Oktave mindestens fünf, im allgemeinen aber sieben. Varianten in der aufsteigenden und in der absteigenden Leiter gestatten die Verwendung von neun verschiedenen *Shruti*-s in ein und derselben Skala. Daher beträgt die Zahl der Haupt-*Svara*-s sieben; zwei Neben-*Svara*-s ergeben insgesamt neun Töne. Diese Gruppe von neun Tönen heißt Leiter oder *Grâma* (ein Wort, das soviel wie "Dorf" bedeutet.

Nun können aber die *Svara*-s, wie wir gesehen haben, verschiedene Positionen einnehmen, die Töne der Leiter können durch ein ♯ erhöht oder durch ein ♭ erniedrigt sein oder *Shruti*-s, also verschiedene Mikrotöne, einsetzen.

In den klassischen Werken werden drei Grundstimmungen der Harfe – die drei *Grâma*-s – erwähnt, die den Modi als Basis dienen. Diese drei Stimmungen heißen *Sa Grâma* oder C-Stimmung, *Ma Grâma* oder F-Stimmung und *Ga Grâma* oder E-Stimmung, wobei *Sa Grâma* und *Ma Grâma* die beiden Formen – natürlich und pythagoräisch – der diatonischen Leiter gewesen zu sein scheinen. *Ga Grâma* war eine völlig andersgeartete Stimmung und schon im Mittelalter nicht mehr gebräuchlich.

Notation

Die schriftliche Fixierung von Musik hat in Indien ein sehr hohes Alter. Die Notationen der wedischen Hymnen durch Akzente, Ziffern und eine Art von Neumen gehen mit Sicherheit auf das zweite vorchristliche Jahrtausend zurück. Die heute gebräuchliche syllabische Notation war bereits im 6. Jahrhundert v. Chr. voll entwickelt.

Die alte Notation ist heptatonisch. Jeder Ton wird durch eine Silbe dargestellt.

Sa Ri Ga Ma Pa Dha Ni entsprechen unserem C D E F G A H. *Sa* ist stets der Grundton, die Basis der Skala, und hat keine feste Höhe. In den ältesten Schriften finden sich keine Hinweise auf alterierte Töne (durch Erhöhungs- oder Erniedrigungszeichen), sofern es nicht durch eine Bezeichnung des Modus am Anfang geschieht. Dieser summarische Hinweis auf die Stimmung macht die Interpretation der Melodien schwierig, denn die Modi erhielten oft andere Namen.

Takte und Zeitwerte der Töne sind noch sehr vereinfacht angegeben, so daß die Notationen höchstens als sehr allgemeiner Hinweis auf die der Improvisation zugrunde liegende Melodieform angesehen werden können.

Erst sehr viel später, nämlich im 16. Jahrhundert, begegnen wir Zeichen, die in der Notation der wedischen Hymnen als Anhaltspunkte für die Betonung im Sanskrit ähnlich wie im Chinesischen dienten und nunmehr für das Erhöhungs- und das Erniedrigungszeichen stehen. Es handelt sich um einen senkrechten Strich darüber, der Erhöhung ausdrückt, und einen waagerechten Strich darunter für das Erniedrigungszeichen, z. B. Ma Ri. Erst im 19. Jahrhundert tauchen unter europäischem Einfluß exakte Notationen auf, die Zeitwert und Takt nach verschiedenen Systemen festlegen. Die heute gebräuchlichen Hauptsysteme stammen von Vishnu Narayana Bhâtkande und Vishnu Digambar Paluskar.

Rhythmische Notation

Darüber hinaus gibt es eine sehr alte und ausführliche Notation des Rhythmus, die wahrscheinlich einzigartig auf der Welt ist. Jede Art, eine Trommel zu schlagen – mit einem Finger, mit zwei Fingern, mit der flachen Hand auf den Rand oder die Mitte des Fells, mit gebeugten oder gestreckten Fingern – wird durch eine Silbe dargestellt. Dadurch kann der Musiker sehr komplizierte Variationen auswendig lernen und sie, sogar ohne zu spielen, durcharbeiten.

Das hier gegebene Beispiel ist dem *Mridanga tablâ vâdana* von Govinda Devarao Guru entnommen.

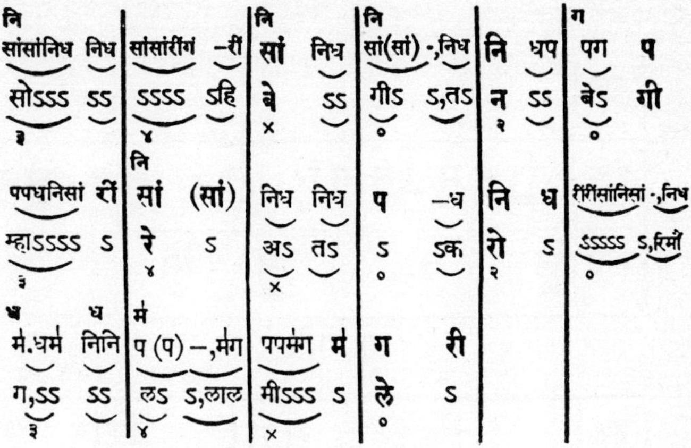

यमन– एकताल. (विलंबित).

स्थायी.

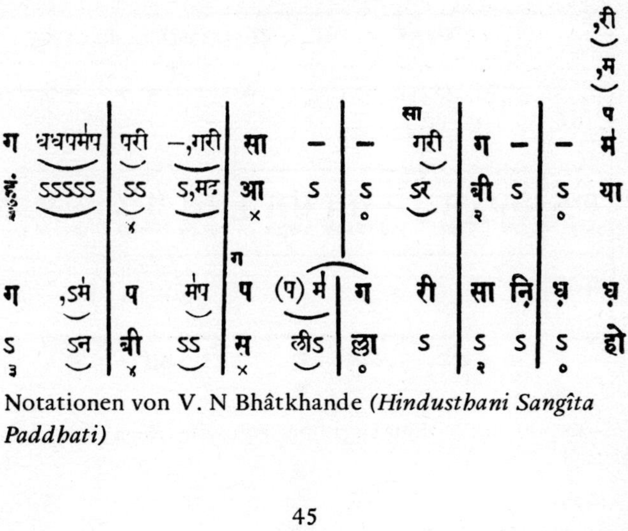

Notationen von V. N Bhâtkhande *(Hindusthani Sangîta Paddhati)*

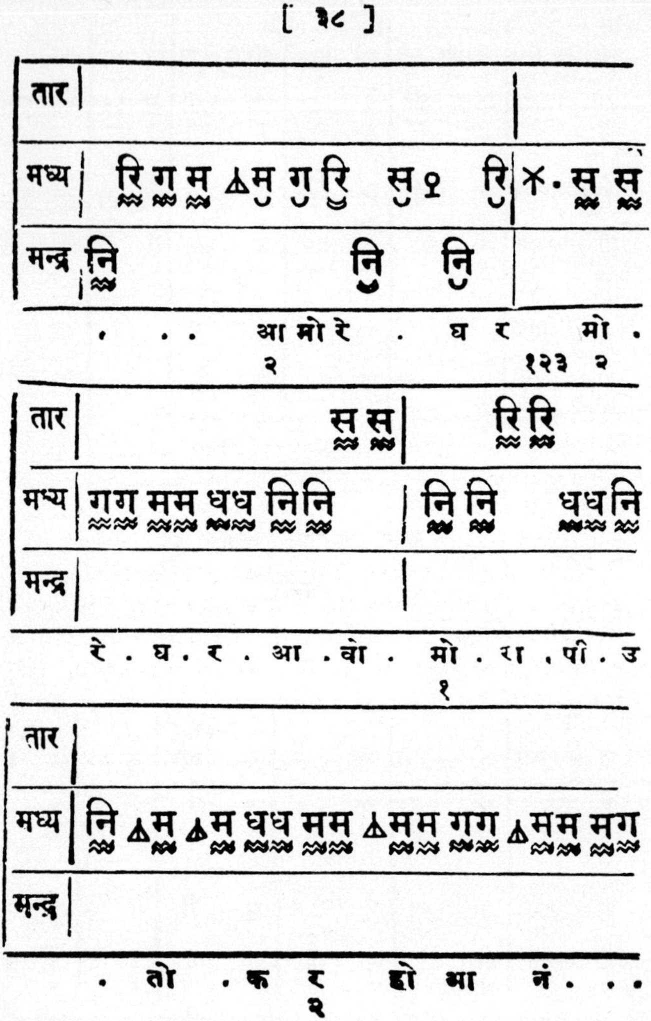

Notation von Vishnu Digambar Paluskar *(Râga Pravesha)*

Plagalleitern (Mûrch'hanâ-s)

Bis etwa zum 6. Jahrhundert blieb die Bogenharfe das Hauptsaiteninstrument der indischen Musik. Die letzten Darstellungen der Harfe in der Bildhauerei stammen aus dem 12. Jahrhundert. Die zwangsläufige praktische Einteilung der Modi auf diesem Instrument erfolgte wie bei den Griechen nach plagalen Formen einer Grundskala, denn man erhielt jeweils einen anderen Modus, wenn man nacheinander jeden der Leitertöne als Grundton auffaßt. Die plagalen Modi heißen *Mûrch'hanâ*-s. Da die Nebentöne nicht als Grundlage von Modi angesehen werden, gibt es also in jeder Grundtonleiter sieben *Mûrch'hanâ*-s, das heißt für jede der Harfenstimmungen bei einer Harfe mit neun Saiten in der Oktave. Jeder dieser Grundmodi hat einen anderen Namen, wobei die Modi als Varianten der modalen Grundskala gelten. Von den 21 *Mûrch'hanâ*-s, die drei Stimmungen der Harfe entsprechen, sind in der klassischen Epoche noch 14 in Gebrauch, während es heute nur noch zwei sind: die *Mûrch'hanâ*-s des *Shadja Grâma* (C-Modus) und des *Madhyama Grâma* (F-Modus), die beiden Formen der diatonischen Skala. Die Stimmung des *Gândhâra Grâma* wird nicht deutlich erklärt, und die entsprechenden Modi sind seit dem Beginn der christlichen Ära nicht mehr in Gebrauch.

Als die Laute als Bezugsinstrument an die Stelle der Harfe trat, verlor die Klassifikation der *Mûrch'hanâ*-s ihren Nutzen und wurde bald durch Modus-Typen ersetzt, die der Anordnung der Bünde auf der *Vînâ* und auf anderen Instrumenten der Lautengattung entsprachen.

Obwohl das System der *Mûrch'hanâ*-s sich überall in den klassischen Schriften wiederfindet, ist es doch recht zweifelhaft, ob es in der Praxis von den Musikern jemals angewendet wurde, denn hin und wieder taucht die alte shivaitische Klassifikation der pentatonischen Modi sowie eine weitere klassische Einteilung einiger heptatonischer Grundmodi auf, die früher *Jâti*-s hießen und heute unter dem Namen *Thâta*-s bekannt sind.

Die Klassifikation der *Mûrch'hanâ*-s läßt die Stimmung unberücksichtigt. Strenggenommen funktioniert sie nur in einem temperierten System, das es in Indien freilich nie gegeben hat. Wahrscheinlich stellt sie bei den Indern wie bei den Griechen lediglich eine Klassifikation dar, die von Theoretikern aufgestellt wurde.

Dagegen dürfte die Klassifikation der Modi auf einer Fünftonbasis ursprünglich eine vokal konzipierte Klassifikation der Sänger gewesen sein.

Modalleitern (Thâta-s)

In der klassischen nordindischen Musik gibt es zehn Haupttonleitern, die heute den Modi oder *Râga*-s zugrunde liegen. Ihre Definition weicht von Schule zu Schule etwas ab, aber diese Unterschiede sind nur von geringer Bedeutung und lediglich Bezeichnungsvarianten. Diese Grundtonleitern entsprechen übrigens den altgriechischen Modi, den arabischen *Maqâm*-s und den persischen *Dastgah*-s. Sie lauten folgendermaßen:

Bhairava

Bhairavî

Kâfî

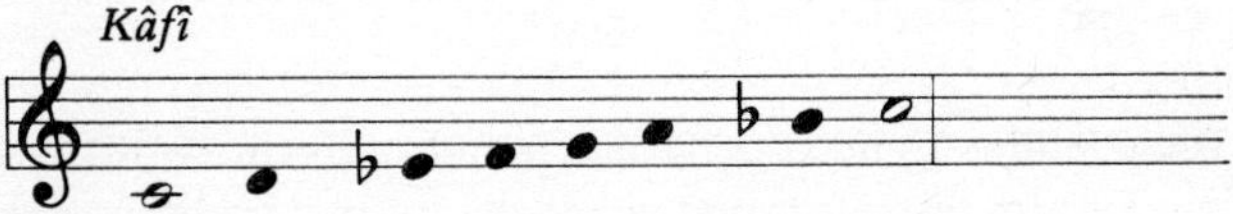

Todî

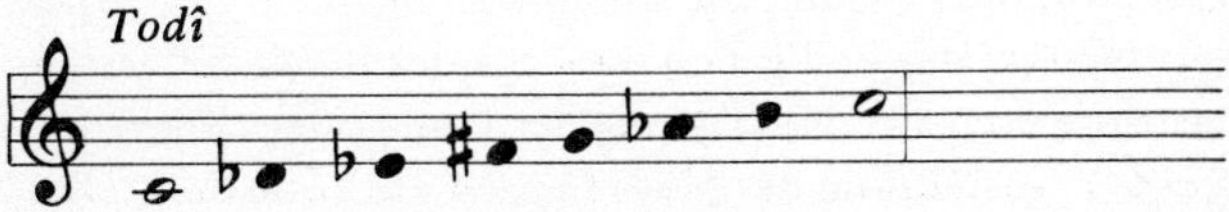

Shrî

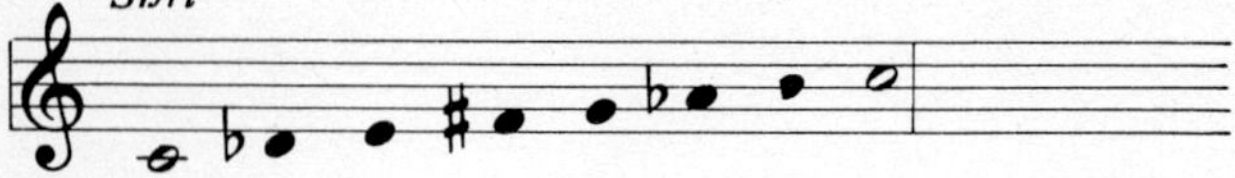

Khammâja

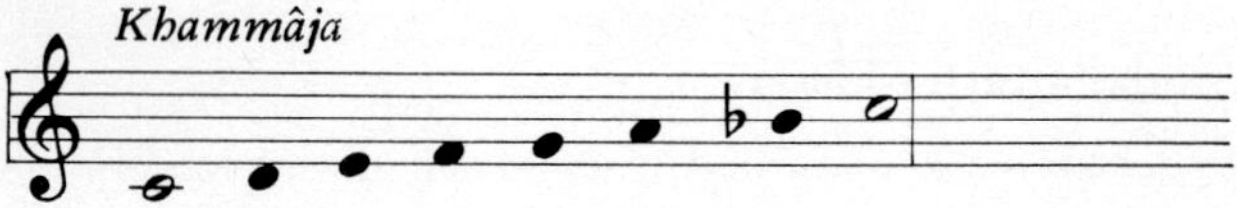

Asâvarî

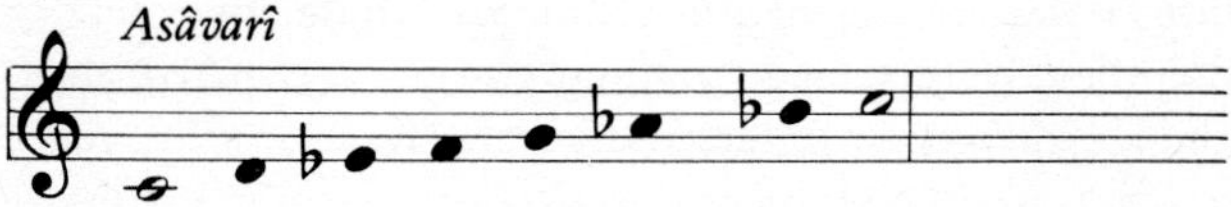

Bilâval

Kalyâna

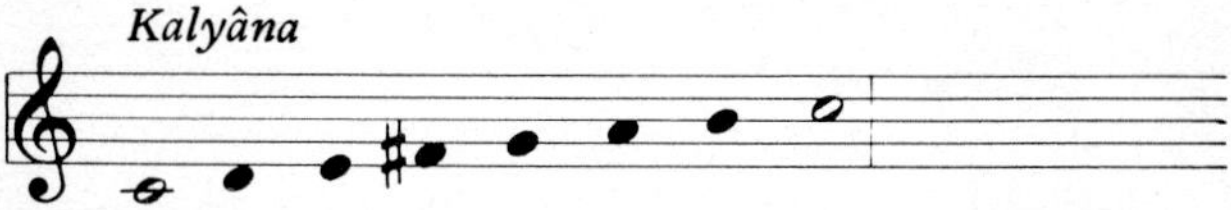

Pûravî

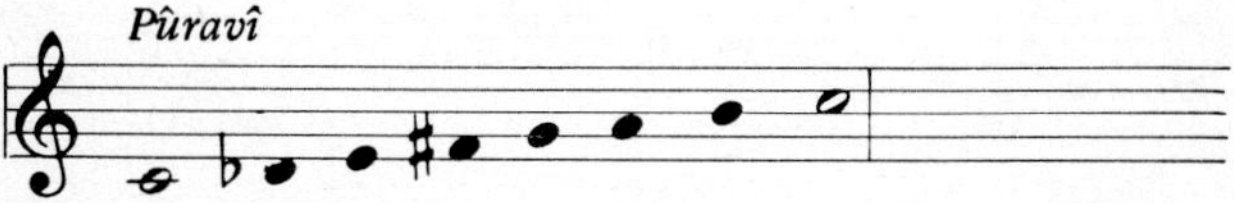

Diese Modus-Typen oder *Thâta*-s sind in einem zwölftönigen System festgelegt und geben die Form der Modi nur in großen Linien wieder. Sie stellen vor allem ein Klassifikationssystem dar und geben die Lage der Bünde an Saiteninstrumenten aus der Gattung der Laute oder Gitarre an. Bei der Ausführung der Modi müssen die Töne des *Thâta*

leicht erhöht oder erniedrigt werden, um in jedem Fall das richtige Intervall zu finden, das der Gefühlsstimmung des Modus entspricht. Außerdem haben einige Töne einen starken oder schwachen Wert, je nach der Rolle, die sie im Ausdruck des Modus spielen.

Verzierungen (Alamkâra-s)

Den Verzierungen kommt in der indischen Musik eine gewichtige Funktion zu. Man unterscheidet zwei Arten: die Verzierungen der einzelnen Töne, die *Gamaka*-s heißen, und die Verzierungen der Melodie, die sogenannten *Tâna*-s. Die Aufgabe der Verzierung ist nicht nur ästhetischer Natur. Die Art des Einsatzes, der Artikulation eines Tones und dessen intime Assoziation mit anderen benachbarten Tönen verändern seinen Sinn und ersetzen seine einfache Bedeutung durch eine komplexe, da Töne von unterschiedlichem Ausdruck vereint und zusammen hörbar sind.

Es gibt eine riesige Fülle von Tonverzierungen, von denen einige der alten europäischen Musik ähnlich sind, wie beispielsweise Triller, Doppelschläge, Appoggiaturen, deren Bedeutung und Stil im Westen zum großen Teil verlorengegangen sind. Eine Untersuchung des Verzierungsstils in der indischen Musik würde wertvolle Elemente für die Interpretation der Musik des Mittelalters und der Renaissance zutage fördern. In den alten Schriften werden die einfachen Verzierungen der Töne in fünfzehn Kategorien eingeteilt: geschüttelt, ausgebaucht, zitterig, dreifach, verschwommen, unentschlossen, überschwenglich, wogend, geschleift, geschlossen, verknotet, geschlagen, lachend, begrüßend und gemischt.

Die Verzierungen der gemischten Gruppe – ebenfalls fünfzehn – sind komplexerer Natur und kombinieren mehrere einfache Formen, beispielsweise verschmolzen-zitterig (lîna-kampita), zitterig-geschlagen (kampita-âhata), geschüttelt-ausgebaucht (tiripa-sphurita), usw. oder auch verschmolzen-zitterig-verschmolzen (lîna-kampita-lîna), dreifach-gelockt-geschlagen (tribhinna-kurula-âhata), usw.

Diese Verzierungen werden sämtlich in der zeitgenössischen Kunstmusik verwendet, jedoch manchmal unter anderen Namen, so daß es nicht immer möglich ist, die alten Bezeichnungen richtig zu deuten, zumal in den Schriften keine exakte Notation der Verzierungen angegeben ist.

Die Verzierungen der Melodie heißen *Tâna*-s.

Die *Tâna*-s oder "Melodiefiguren" sind kurze Tongruppen, die als Verzierungselemente bei der Entwicklung der Melodie dienen, z. B.:

C D E, D E F, E F G, F G A, usw. oder
C D C, D E E, E F E, F G F, usw.

oder auch

C D E D F, D E F E G, E F G F A, usw. oder
C C C C D, D D D D E, E E E E F, usw.

Es gibt Hunderte von Kombinationsmöglichkeiten der *Tâna*-s, die sehr ausführlich in den klassischen Sanskritschriften über Musik beschrieben sind.

Die Instrumental-*Tâna*-s weichen von den Vokal-*Tâna*-s ab. Gute Musiker verwenden sehr komplizierte *Tâna*-s mit großer Geschicklichkeit vor allem in schnellen und rhythmisch betonten Improvisationen.

Melodien, die weniger als fünf verschiedene Töne verwenden, werden nicht als Modus angesehen; man betrachtet sie als eine Weiterentwicklung der Melodiefiguren.

Die Melodiefiguren, die nur zu einem einzigen Modus gehören können, heißen "rein" (shuddha), während die anderen, die zu mehreren Modi gehören können und folglich einen unbestimmten Gefühlscharakter aufweisen, als "veränderlich" (vikrita) bezeichnet werden. Alle möglichen Kombinationen von zwei, drei oder vier Tönen heißen *Tâna*-s. In der klassischen indischen Tonkunst werden in jedem Modus nur 49 Hauptmelodiefiguren beibehalten. Sie werden sorgfältig studiert, um bei der improvisierten Ausarbeitung des Modus eingesetzt zu werden.

III. Die Râga-s

"Modi"

Was in der indischen Musik als *Râga* oder musikalischer Modus bezeichnet wird, ist eine Gruppe von Tönen, die einer besonderen emotionalen Stimmung entspricht und in welcher der Musiker unter Beachtung fester Regeln ein Thema entwickelt, im allgemeinen in improvisierter Form.

Folgende Elemente sind für einen *Râga* charakteristisch:

1. Eine Tonskala mit präzisen Intervallen, die von einem festen und unveränderlichen, ständig gespielten Grundton ausgeht;
2. Bestimmte melodische und ornamentale Elemente sowie für einige Töne geltende Spielvorschriften, die von *Râga* zu *Râga* verschieden sind.
3. Zwei charakteristische Haupttöne *(Vâdî* und *Samvâdî)*, von denen der eine bisweilen der Grundton ist. Auf diesen charakteristischen Tönen beruht die Melodie, auf ihnen beginnen und enden die Melodiefiguren. Der Gefühlswert dieser beiden Töne bestimmt die wesentlichen Ausdrucksmerkmale des Modus.
4. Bestimmte Improvisationsstile, die mehr als andere an die Stimmung des Modus angepaßt sind.

Ein Râga besteht also aus einer Tonleiter und Klangformen, deren Ziel es ist, ein bestimmtes musikalisches Klima zu erzeugen und in den Hörern einen spezifischen emotionalen Zustand auszulösen. Die Entwicklung des *Râga*, die Kunst, ihn lebendig zu erhalten, ihn überzeugend, durchsichtig, verinnerlicht, zwingend zu gestalten, ist eine schwer zu erlernende Kunst. Der indische Musiker sieht sich insofern besonderen Schwierigkeiten gegenüber, als er keine von anderen geschriebene Musik mehr oder weniger angemessen auszuführen hat, sondern die Tonsprache jedesmal zu neuem Leben erwecken muß, wie es übrigens – in engerem Rahmen – jeder große Jazzmusiker tut.

Zentraltöne: Vâdî, Samvâdî

Die melodischen Formen des Râga (Modus) zentrieren sich auf bestimmte Töne ihres Tonvorrats. Es leuchtet nun in der Tat ein, daß, wenn man zum Beispiel in der Tonskala *Bhairavî* auf der kleinen Terz lange genug verweilt und dann ganz zwanglos zur Quinte überwechselt, der Moll-Charakter des Modus vorherrscht; verfährt man dagegen umgekehrt, erfährt der allgemeine Ausdrucksgehalt durch den fröhlichen und stolzen Charakter der Quinte eine Veränderung. In diesem Fall liegen nach indischer Auffassung zwei verschiedene Modi vor, wobei diese besondere Hervorhebung darauf abzielen kann, die Höhe der anderen Töne zu verändern, damit sie sich der vorherrschenden Gefühlsstimmung anpassen, sofern man sie nicht als Kontrast im umgekehrten Sinn ändern will.

In jedem *Râga* gibt es also einen von der Tonika verschiedenen Zentralton, obwohl er bisweilen mit dieser auch zusammenfallen kann, und – auf Grund der tetrachordischen Struktur der Tonleitern – einen dem ersten Ton entsprechenden zweiten Ton im zweiten oder oberen Tetrachord. Die Zentraltöne heißen *Vâdî* (sprechend, tönend) und *Samvâdî* (mit-sprechend, mit-tönend).

Tageszeiten

Eine der charakteristischen Eigenschaften der indischen Musik ist die Verbindung der Modi, der *Râga*-s, mit bestimmten Tages- und Nachtstunden.

Zwischen den verschiedenen Zyklen, die den Ablauf der kosmischen und der irdischen Ereignisse regeln, besteht Übereinstimmung. Form und Eigenart unserer Gefühle, unserer Interessen sind im Laufe unseres Lebens Schwankungen unterworfen. Die Interessen, die Empfindungen eines Kindes sind anderer Natur als die eines reifen Mannes oder die eines Greises. Aber dieser Kreislauf findet seine Entsprechung auch im Rhythmus des Jahres, in der immerwährenden Wiederkehr von Frühling, Sommer, Herbst und Winter, sowie im Ablauf des Tages vom Morgen bis zum Abend und zur Nacht. Morgens fühlen wir uns jünger, unternehmungslustiger, abends befällt uns Müdigkeit und Resignation. Unsere Stimmungen sind von den Stunden des Tages und den Jahreszeiten abhängig. Die musikalischen Modi, deren Ausdrucksgehalt unserer Laune entspricht, sind also jahres- und tageszeitlichen Veränderungen unterworfen. Ein Modus, der sich nicht im Einklang mit der jeweiligen Stimmung befindet, wird vom Musiker schlecht interpretiert und mißverstanden. Die Modi sind daher nach den Lebensverhältnissen zu bestimmten Stunden eingeteilt und stehen in engem Zusammenhang mit diesen. Die Modi außerhalb der ihnen zukommenden Tageszeiten zu spielen, erscheint dem traditionsbewußten Musiker als nicht erlaubte Unschicklichkeit, die fast ebenso fehl am Platze ist wie für uns ein Trauermarsch auf einer Hochzeit oder ein Walzer bei einer Militärparade.

Es gibt Modi, die bei Sonnenaufgang, am Morgen, um die Mittagsstunde, am Nachmittag, bei Sonnenuntergang, in der ersten Hälfte der Nacht, um Mitternacht und schließlich in der zweiten Nachthälfte gespielt werden.

Zu den wichtigsten, einer bestimmten Jahreszeit zugeordneten Modi gehören die Frühjahrs- und die Regenzeit-Modi.

Die musikalische Struktur der Modi wurde in Form von Regeln festgelegt, in denen das Vorherrschen oder das Fehlen bestimmter Töne und damit eine definierte Stimmung für bestimmte Zeitabschnitte vorgeschrieben ist.

Nach Bhâtkhande (*Hindusthani Sangîta Paddhati*) liegt bei den zwischen Mittag und Mitternacht gespielten Modi der hervorgehobene Ton (Vâdî) im ersten Tetrachord (C F), bei den von Mitternacht bis Mittag gespielten dagegen im zweiten Tetrachord (G C).

Die zu den vier Haupttageszeiten – Sonnenaufgang, Sonnenuntergang, Mittag und Mitternacht – gespielten Modi verwenden oft gleichzeitig die natürliche und die übermäßige Quarte, F und Fis.

Die bei Sonnenaufgang und Sonnenuntergang gespielten Modi verwenden im allgemeinen die kleine Sekunde und die kleine Sexte, Des und As.

Die kleine Terz und die kleine Septime – Es und B – sind am Mittag und um Mitternacht die hervorgehobenen Töne.

Die Modi ohne Erniedrigungszeichen werden im allgemeinen nach Tagesanbruch und nach Beginn der Abenddämmerung gespielt. Die vor Tagesanbruch und vor Einsetzen der Abenddämmerung gespielten Modi legen den Akzent auf den Grundton, die Quarte und die Quinte: C, F und G.

Es gibt ferner Modi, die mit Naturphänomenen wie Regen oder Feuer in Verbindung gebracht werden und deren beschwörende Kraft als sehr stark gilt. Nach der Legende soll ein berühmter Musiker, Gopal Nâyaka, als er von Kaiser Akbar gezwungen wurde, den Feuer-Modus zu singen, an den Verbrennungen gestorben sein, die ihm die aus seinem Körper züngelnden Flammen zugefügt hatten.

Noch heute glauben viele Leute, daß der Regenzeit-Modus Mallâr, wenn er gleichsam außerhalb der Saison gesungen wird, wahre Sturzbäche auslösen kann, etwa wie die öffentlichen Bittgebete in einigen katholischen Dörfern.

Gedichte und Gemälde der Râga-s

Ein *Râga*, ein Modus stellt einen Gefühlszustand, eine besondere seelische Stimmung dar. Dies erklärt, warum seit uralten Zeiten der Empfindungsgehalt eines *Râga* stets ein Lieblingsthema der Dichter und Maler war. Die Gedichte und Gemälde, die den Inhalt der *Râga*-s schildern, weisen kein technisches Element auf, das einen Bezug zur Musik hat. Die Übereinstimmung erfolgt ausschließlich auf emotionaler Ebene. Der geschilderte Gegenstand soll im Betrachter eine ähnliche innere Einstellung bewirken wie die Musik im Hörer. Viele Gemälde aus dem 15. und 16. Jahrhundert geben bildliche Darstellungen von *Râga*-s.

Sie werden zunächst in männliche und weibliche Modi eingeteilt. Nach der alten Klassifikation zeigen die pentatonischen Modi größere Geschlossenheit des Gefühls und werden folglich als männlicher angesehen; daher hat man sie sich dem männlichen Geschlecht zugeordnet vorzustellen. Die siebentönigen Modi dagegen, die mehr Abstufungsmöglichkeiten, mehr Unbestimmtheiten, mehr Kontraste bieten, werden als Gefühl dem weiblichen Geschlecht zugeordnet. Es gibt jedoch Ausnahmen von dieser Regel.

Im übrigen ist die Zahl fünf die heilige Zahl des Gottes Shiva, des Gottes der Manneskraft, aber auch der Weisheit und der Entsagung. Die Zahl sieben ist die Zahl des Gottes Vishnu, des Gottes der menschlichen Liebe, deren Inkarnationen Râma und Krishna den Gegenstand ungezählter Legenden bilden. Krishna, umgeben von den Schäferinnen des Vraja-Waldes, seinen Geliebten, wird stets als verweichlicht dargestellt.

Die Gedichte, die die Stimmung der *Râga*-s beschreiben, finden sich in einer großen Zahl von Sanskritschriften über die Musik. Viele von ihnen stammen aus einem vorchristlichen Werk aus Kohala. Die besten Sammlungen finden sich im *Chatvârimshach'hata Râga-nirûpanam*, das Nârada zugeschrieben wird, im *Sangîta Darpana* von Damodara Mishra, im *Râga Ratnâkara* von Gandharva Râja, im *Râga Mâlâ* von Pundarîka Vitthala, im *Shiva tattva Ratnâkara*, einer Enzyklopädie des 18. Jahrhunderts, sowie im *Râga Kalpa-druma*, einer Enzyklopädie des 19. Jahrhunderts.

Der Name *Râga* wird stets in dem Gedicht oder auf dem Gemälde angegeben. Doch ist es nicht immer leicht, die entsprechende Tonskala herauszufinden, da die Bezeichnungen der alten Modi jetzt häufig anderen Skalen beigelegt werden. Außerdem gibt es auch noch Unterschiede zwischen den verschiedenen Schulen.

Notation

In der Skala der *Shruti*-s kann jeder Ton der Leiter drei Positionen einnehmen, die durch ein Komma (81/80, d. h. etwa 5 Savart oder 20 Cent) voneinander getrennt sind, wobei 100 Cent einem temperierten Halbton entsprechen. Bestimmte Töne haben zwei zusätzliche Positionen. Wir geben die mittlere Position durch das übliche Notationszeichen wieder.

Die um ein Komma erhöhten Töne werden durch einen Rhombus bezeichnet, die um zwei Kommas erhöhten durch zwei schräge Striche.

Die um ein Komma erniedrigten Töne werden durch ein Rechteck, die um zwei Kommas erniedrigten Töne durch zwei waagerechte Striche bezeichnet. (Weitere Einzelheiten siehe A. Daniélou, *The Raga-s of Northern Indian Music*, S. 80, Barrie and Rockliff, London, und *Traité de Musicologie comparée*, S. 64–66, Hermann, Paris). Also:

Die Tonika – der ständig wiederholte oder ausgehaltene Grundton – ist in unseren Notationsbeispielen stets als C angegeben, obwohl es einen festen Tonumfang nicht gibt. Die hervorgehobenen Töne (*Vâdî* und *Samvâdî*) sind durch einen Akzent und eine ganze Note gekennzeichnet.

Die wichtigsten Râga-s

Die Zahl der möglichen *Râga*-s ist fast unbegrenzt. Manche Sanskritschriften erwähnen mehr als sechzehntausend. Die heutigen Musiker spielen davon noch rund dreihundert. Zur Veranschaulichung folgen jetzt einige Gedichte und Tonleitern der hauptsächlichen *Râga*-s.

Lalitâ (in den ersten Stunden des Tages zu spielen)

> "Lalitâ, jung und schön, trägt ein Halsband aus siebenerlei Blüten. Ihre Augen sind länglich wie die Blütenblätter des Lotus. Noch angetan mit einem Gewand für ein Schäferstündchen, seufzt sie in der Morgendämmerung, besiegt durch das Schicksal" (*Chatvârimshach'hata Râganirûpanam*, S. 20; *Sangîta Darpana*, 2, 63; *Shiva tattva Ratnâkara*, 6, 8, 90).

Vibhâsa (bei Sonnenaufgang)

"Von heller Hautfarbe, mit anmutigem Antlitz, weißgewandet. Stolz wie der Hahnenschrei bei Tagesanbruch, schüttelt sein Lachen die Locken auf seiner Stirn. Vibhâsa-râga ist bezaubernd wie der Gott der Liebe selber" (*Râga Kalpa-druma*, S. 30).

Bhairava (am Morgen)

"Die göttlichen Weisen beschreiben Bhairava so: die Glieder seines wohlgeformten Leibes mit Asche bedeckt; die Stirn von der Sichel des Mondes bestrahlt, einen Dreizack in der Hand, auf einem Stier reitend" (*Chatvârimshach'hata Râga-nirûpanam*, S. 13).

Todî (am Vormittag)

"Ihr schlanker, mit Safran und Kampfer gesalbter Leib leuchtet wie die Blüte des Jasmins. Die Hirschkühe des Waldes verharren staunend beim Anblick der strahlenden Todi, die eine Laute hält" (*Chatvârimshach'hata Râga-nirûpanam*, S. 15; *Sangîta Darpana*, 2, 53; *Shiva tattva Ratnâkara*, 6, 8, 69).

Yâvanapûri Todî (am Vormittag)

"Todî, die Griechin, ist eine stämmige Ausländerin. Sie ist reich gekleidet und trägt ihre Haare auf der Stirn zusammengeflochten. Ihre blumenförmigen Ohrringe sind mit kostbaren goldgefaßten Edelsteinen besetzt. Kundig weiß sie am Morgen sehnsuchtsvoll die Laute zu schlagen; sie nippt vom Traubenwein und läßt ihre reizende Gestalt und ihre schneeweißen Glieder sehen" (*Râga Mâlâ*).

Bhûpâla (am Vormittag)

"Ich sehe Bhûpâla sehr bequem auf dem Thron des Löwen sitzen, umgeben von zahlreichen Verwandten. Junge Frauen mit Gazellenaugen fächeln ihm mit einem Fliegenwedel Luft zu" (*Râga Sâgara*, 3, 5).

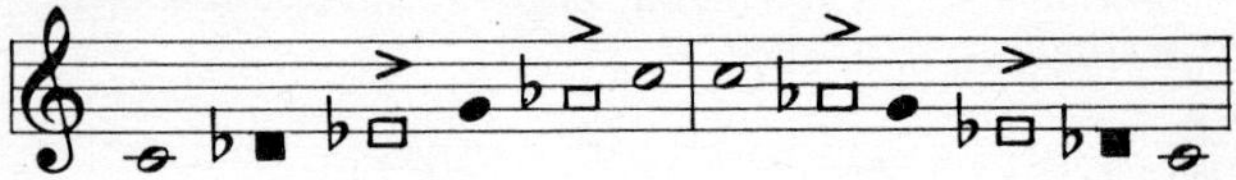

Bilâval (am Vormittag)

"Bilâvalî hat die Hautfarbe einer Lotusblüte. Insgeheim gibt sie ihrem Liebhaber Zeichen und ordnet dabei die Juwelen, die ihren Leib zieren. Sie kann auch nicht einen Moment den Gott der Liebe vergessen, dem sie sich ganz hingegeben hat" (*Chatvârimshach'hata Râga-nirûpanam*, 2, 59; *Shiva tattva Ratnâkara*, 6, 8, 81).

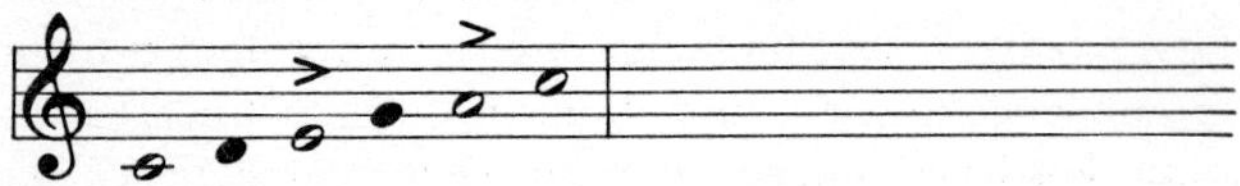

Bhairavî (am Vormittag)

"Die Gattin Bhairavas, die die Dichter in ihren Visionen in der Gestalt von Bhairavî mit den großen Augen sehen, sitzt auf dem Gipfel des heiligen Berges Kailasa auf einem

Thron aus geschliffenem Kristall. Metallene Becken in den Händen, verehrt sie den Gott mit Blättern und Blüten des Lotus" (*Chatvârimshach'hata Râga-nirûpanam*, 2, 48; *Râga Kalpa-druma*, S. 17; *Shiva tattva Ratnâkara*, 6, 8, 59).

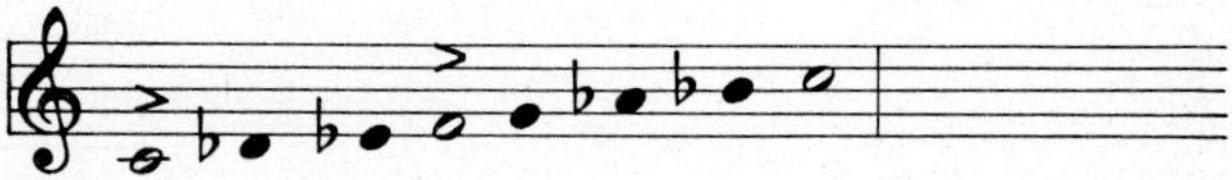

Sâranga (in der Mittagsstunde)

"Die dunklen Glieder von Sâranga sind mit einer Rüstung und einem leuchtend gelben Gewand bedeckt. Bewaffnet mit einer Wurfscheibe, einem Bogen und einer Keule, trägt er einen Schild. Sein gutgefüllter Köcher funkelt. Er trägt eine Lotusblüte und eine Meeresmuschel und ist mit kostbaren Geschmeiden angetan. Sein Reittier ist der Vogel Garuda" (*Râga Mâlâ*).

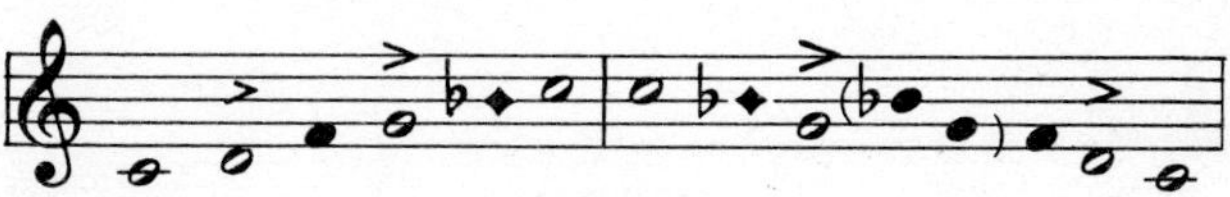

Gaud Sâranga (nach der Mittagsstunde)

"Unter dem Baum des Überflusses sitzend, sein Leib weiß wie Schnee, die Pferde erschöpft, erscheint Gaud Sâranga am Nachmittag, auf einer Laute spielend. Die Weisen behaupten, er habe die Stimme einer Nachtigall" (*Râga Kalpa-druma*, S. 29).

Shrî (am Nachmittag)

"Shrî râga ist achtzehn Jahre alt. Zarte Blumenblätter zittern an seinen Ohren. Er ist das reizende Ebenbild des Gottes der Liebe. In Rot gewandet, gleicht er einem König. C und alle anderen Töne sind seine Sklaven" (*Chatvârimshach'hata Râga-nirûpanam*, 1, 68; *Sangîta Darpana*, 2, 70; *Shiva tattva Ratnâkara*, 6, 8, 103).

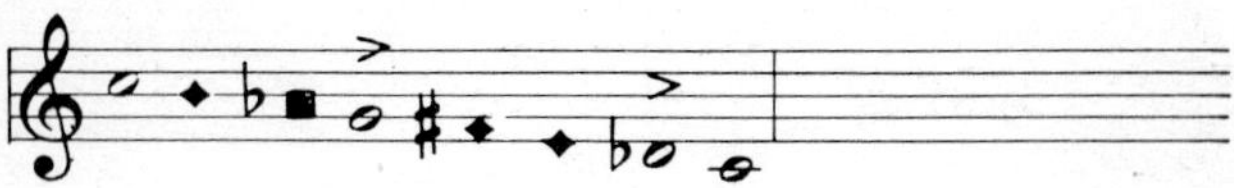

Pûravî (gegen Ende des Tages)

"Trunken von Wein und Eitelkeit, hetzt Pûravî rastlos hin und her wie eine Hirschkuh. Ihr mondfarbiger Körper ist in ein leichtes, golddurchwirktes Gewand gehüllt. Sie hält einen Weinpokal in der Hand, auf dem ein Papagei sitzt. Der Kopf ihres Liebhabers ruht an ihrem Busen" (*Râga Sâgara*, 3, 49).

Khammâja (erstes Viertel der Nacht)

"Kammâja mit den schönen Haaren ist ein bezauberndes Kind in der Blüte der Jugend. In ein gelbes Gewand gehüllt, sucht sie in Begleitung ihrer Dienerinnen überall im Wald nach ihrem Freund; denkt sie an ihn, vergießt sie Tränen der Rührung" (*Shiva tattva Ratnâkara*, 6, 8, 99).

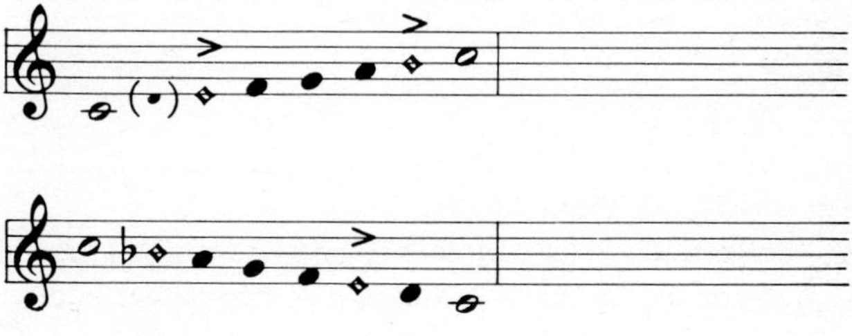

Kâfî (vor Mitternacht)

"Mit blendend weißem Leib sitzt Kâfî, die das Verlangen anfacht, zärtlich auf den Knien ihres Freundes im königlichen Palast. Sie liebt die Papageien, ist blau gekleidet und mit Geschmeiden überhäuft. Sie ist das Bild der Sinnlichkeit. Im Lotus meines Herzens bin ich ihr herzlich zugetan, die schöner ist als Lakshmi, die Göttin des Glücks" (*Râga Sâgara*, 3, 33).

Mâlakosha (um Mitternacht)

"Seine Keule trieft von Blut; Mâlakosha trägt als Halsband die Schädel der Helden. Umgeben von den Tapfersten, ist er der Tapferste der Tapferen" (*Sangîta Darpana*, 2, 52; *Shiva tattva Ratnâkara*, 6, 8, 67; *Râga Kalpadruma*, S. 18).

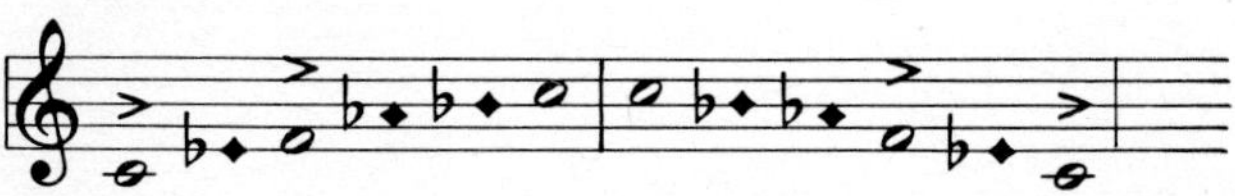

Kalyâna (erstes Viertel der Nacht)

"Blutrot, das Schwert in der Hand, die Stirn mit Sandelholzbrei bestrichen, stürzt er sich goldgewandet in die

Schlacht. Die Weisen behaupten, daß Kalyâna Zorn und Wut verkörpere" (*Sangîta Darpana*, 2, 82; *Râga Kalpa-druma*, S. 32).

Bhûpâlî (zweites Viertel der Nacht)

"Mit ihren großen Brüsten, ihrem strahlend weißen, von Safran geröteten Körper und ihrem mondgleichen Antlitz bezaubert sie die Herzen aller. Wenn alles still ist, gedenkt Bhûpâlî ihres abwesenden Herrn mit bitterem Schmerz" (*Sangîta Darpana*, 2, 79; *Shiva tattva Ratnâkara*, 6, 8, 121; *Râga Kalpa-druma*, S. 32).

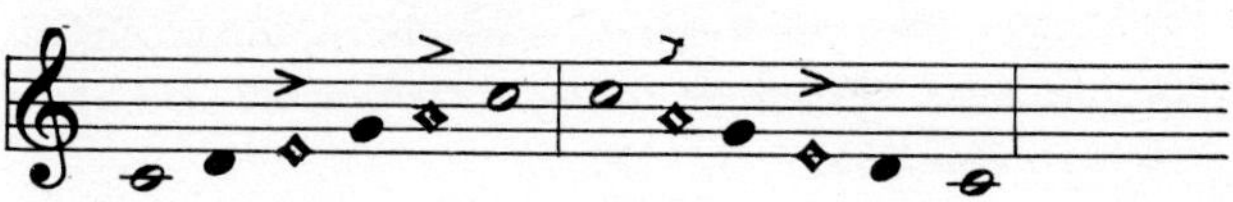

Vasantî (im Frühling)

"Sie trägt Ohrringe aus den Blüten des Mangobaums und ein hohes Diadem, das sich öffnet wie der Federfächer des Pfaus. Ihr indigofarbener Leib, dunkel wie die schwarze Biene, ist bezaubernd, wollüstig, vom Glück begünstigt. Vasantî ist die Herrin des Frühlings" (*Sangîta Darpana*, 2, 7; *Shiva tattva Ratnâkara*, 6, 8, 105; *Râga Kalpadruma*, S. 120).

Megha Mallâr (in der Regenzeit)

"Die alten Weisen haben Megha Mallâr so beschrieben: strahlend wie eine blaue Lotosblume. Das reizende Lächeln auf ihrem mondfarbenen Antlitz ist süßer als Ambrosia. Gelbgewandet inmitten lastender Wolken tritt er unter den Helden leuchtend hervor. Sobald die Châtakas-Vögel, die nach Regenwasser lechzen, ihn erblicken, begehren sie zu trinken" (*Sangîta Darpana*, 2, 76; *Shiva tattva Ratnâkara*, 6, 8, 119).

IV. Rhythmik

Rhythmus (Tâla)

Das rhythmische System, das der indischen Musik zugrunde liegt, ist von allen existierenden Systemen bei weitem das komplizierteste und kunstvollste. Alle seine Einzelelemente sind von der Vernunft her konzipiert und lassen sich in einem äußerst detaillierten und umfassenden System notieren. Die Ausführung wird improvisiert und verwendet rhythmische Figuren, die oft sehr schwierig sind und eine lange Übung erfordern. Die Rhythmen haben genau wie die Modi Ausdruckscharakter. Bestimmte Rhythmen und bestimmte Modalformen stehen gewöhnlich zueinander in Beziehung.

Die Zahlenverhältnisse, die beim Rhythmus die Zeiteinteilung festlegen, entsprechen denen, die die Intervalle festlegen. Die rhythmische Ästhetik ist also genauso komplex wie die modale Ästhetik und die emotionale Wirkung der einzelnen Rhythmen ebenso tief und nachhaltig wie die der Modi.

Die ältesten Texte, wie zum Beispiel das *Mârkandeya Purâna*, erwähnen drei Rhythmuselemente: mit drei Takten (*tryashra*), mit vier Takten (*chaturashra*) und gemischt (*mishra*, mit fünf oder sieben Takten). Die Autoren des 8. bis 12. Jahrhunderts fügen noch den synkopierten Rhythmus (*khanda*) und den hybriden oder Zwitterrhythmus (*sankîrna*) hinzu.

Die rhythmische Struktur wird innerhalb eines Rahmens konzipiert, der aus starken, schwachen und stummen Zählzeiten besteht. Die Elemente dieses Rahmens sind über einen bestimmten Raum verteilt, und die rhythmische Grundformel füllt eine Reihe von Takten aus.

Die Zahl der mit Hilfe dieser Elemente konstruierten Rhythmen ist beträchtlich. In den klassischen Schriften sind Hunderte erwähnt. Einige Rhythmen haben periodisch wiederkehrende Grundschemata mit 12, 16, 17, 19, 21 und sogar 37 Zeiteinheiten. Dadurch wird übrigens lediglich der rhythmische Rahmen abgesteckt, in dem die kunstvollsten Variationen und Synkopen ausgeführt werden können. Der indische Trommelspieler dürfte somit eine einmalige Erscheinung in der Geschichte der Rhythmik sein.

Was wir in der westlichen Musik als Rhythmus bezeichnen, stellt eigentlich nur Einzelelemente von Rhythmen dar, nicht eine Rhythmik im indischen Sinn. Gleichwohl existieren rhythmische Formeln, die denen der indischen Musik ähnlich sind, gelegentlich auch in der westlichen Musik, doch sind sie nicht rational konzipiert und eher instinktiv. Wir begegnen beispielsweise Walzerformen, die auf achttaktigen Grundformeln aufgebaut sind und sich folgendermaßen skandieren lassen:

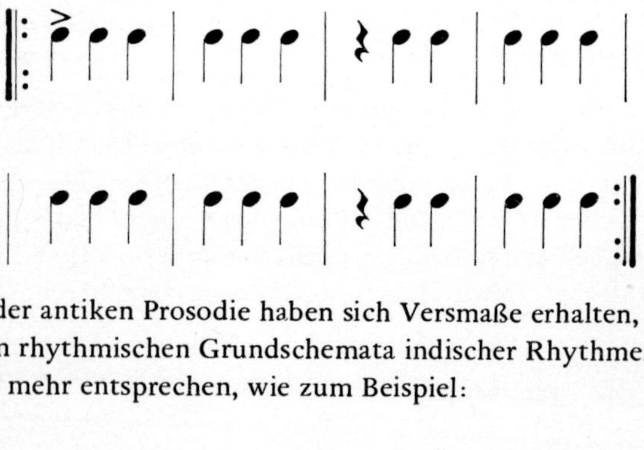

In der antiken Prosodie haben sich Versmaße erhalten, die dem rhythmischen Grundschemata indischer Rhythmen viel mehr entsprechen, wie zum Beispiel:

‖ — ◡ ◡ ◡ | — ◡ — ◡ | — ◡ ◡ ◡ | — ◡ — ◡ ‖

‖ — ◡ ◡ ◡ | — ◡ — ◡ | — ◡ ◡ ◡ | — ◡ — — ‖

Die Theorie der Inder macht keinen wesentlichen Unterschied zwischen Metrik und Rhythmik. Die Elemente sind die gleichen, doch werden sie in der Metrik ziemlich frei und in der Musik metronomisch exakt verwendet. Trotzdem gibt es in der gesamten asiatischen Musik Gesangs- und Psalmodieformen, die sich der freien metrischen Form, nicht aber der eigentlich rhythmischen Form bedienen. Dies ist in der indischen Musik beim *Âlâp*, der Exposition des Modus, der Fall.

Die metrisch-rhythmischen Grundschemata, die stets drei Elemente aufweisen, heißen *Gana*-s (zählbare). Man unterscheidet die folgenden acht Gruppen:

3 Zeiteinheiten	◡ ◡ ◡	
4 Zeiteinheiten	— ◡ ◡	
4 Zeiteinheiten	◡ — ◡	
4 Zeiteinheiten	◡ ◡ —	
5 Zeiteinheiten	— — ◡	

5 Zeiteinheiten ◡ ▬ ▬

5 Zeiteinheiten ▬ ◡ ▬

6 Zeiteinheiten ▬ ▬ ▬

Der rhythmische Rahmen umfaßt eine bestimmte Anzahl solcher Grundelemente. Wie wir bereits gesehen haben, werden die rhythmischen Variationen durch jeweils unterschiedliche Lautsilben memoriert, die die verschiedenen Arten, die Trommel zu schlagen, darstellen: mit der Fingerkuppe, mit gestrecktem Finger, mit zwei Fingern, mit der flachen Hand, mit beiden Händen, auf die Mitte oder den Rand des Fells, usw. So erhält man eine Methode, sich die Rhythmen auf ähnliche Weise einzuprägen wie Melodien.

Musiker können rhythmisch sehr komplexe Passagen memorieren, die sie monatelang zu "arbeiten" imstande sind.

Trommeltechnik

Nachstehend werden die Hauptschläge aufgeführt und erläutert:

Tablâ

Dâ, Tâ und *Nâ*: Schlag mit der Kuppe des Zeigefingers der rechten Hand auf die Fellmitte; der kleine Finger liegt dabei auf dem Fell auf.

Tine: gleichzeitiger Schlag mit Handgelenk und kleinem Finger, wobei die Hand durch die auf das Fell aufgesetzte Fingerspitze emporgehalten wird.

Ka, Kû und *Kik*: Schläge der linken Hand. Zeige-, Mittel- und Ringfinger zusammen und gestreckt auf die Mitte, während der gekrümmte kleine Finger in einigem Abstand vom Rand auf das Fell schlägt.

Ga und *Gha*: Schläge der linken Hand. Das Handgelenk drückt gegen den Rand der Fellbespannung, während der Schlag mit der Spitze des Zeige-, Mittel-, Ring- und kleinen Fingers ausgeführt wird.

Dhâ: Schlag mit beiden Händen. Der Zeigefinger der rechten Hand schlägt das Fell flach von der Seite und der kleine gestreckte Finger die Mitte, während die linke Hand *Ga* ausführt.

Dhine: Schlag mit beiden Händen; rechts *Tine*, links *Ga*.

Tâ, Na. Die Zeigefingerkuppe der rechten Hand ruht auf dem Rand, während der fast flach ausgestreckte kleine Finger das Fell leicht schlägt.

Din, Tû, Ma. Die vier Finger der rechten Hand schlagen gemeinsam den Rand des Fells.

Ra und *Ta* sind ähnlich, jedoch unter Einbeziehung des kleinen Fingers.

Tira wird ähnlich ausgeführt, jedoch am Rande des schwarzen Mittelflecks.

Ta ist ein Schlag mit der Kuppe des kleinen Fingers, des Ring- und des Mittelfingers zusammen.

Tarâne wird ähnlich ausgeführt; der Zeigefinger tritt hinzu.

Die Silben *Ga, Tha, Thoune, Dhau, Bhî* bedeuten einen Schlag mit der rechten Hand auf den vorderen Teil der Trommel; zwei Finger schlagen auf den Rand und die beiden anderen auf das Fell.

Ka, Kî, Kat und *Kha*: Schlag mit der linken Hand, mit allen fünf Fingern, wobei das Fell niedergedrückt wird.

Von den Hauptrhythmen, die sich bei den klassischen Schriftstellern finden, seien die folgenden angeführt:

Chanchatputa
(8 Zeiteinheiten, 4 Schläge)  *(Nâtya Shâstra)*

Châchaputa
(6 Zeiteinheiten, 4 Schläge)  oder

(Nâtya Shâstra)

Panchapâni
(5 oder 9 Zeiteinheiten, 6 Schläge)

oder

 *(Nâtya Shâstra)*

Shatpitâputra
(6 oder 12 Zeiteinheiten, 6 Schläge)

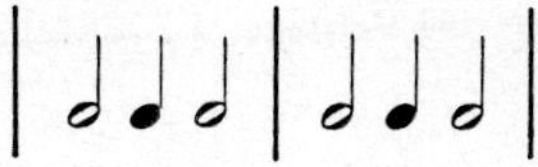

oder

(*Nâtya Shâstra*)

Jhampâ oder *Rûpaka*
(5 Zeiteinheiten, 2 Schläge)

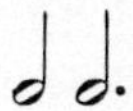

(*modern*)

Nandi
(9 Zeiteinheiten, 4 Schläge)

(*Sangîta Ratnâkara*)

Chitra
(19 Zeiteinheiten, 13 Schläge)

(*Nartana Nirnaya*)

Chudâmani
(19 Zeiteinheiten, 26 Schläge)

(*Sangîta Ratnâvali*)

Die folgenden Rhythmen werden heute am meisten gebraucht:

Chautâla

(4 Schläge, 12 Zeiteinheiten, 6 Einteilungen)

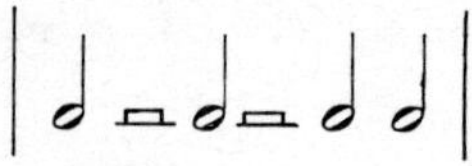

Grundrhythmus (Théká)

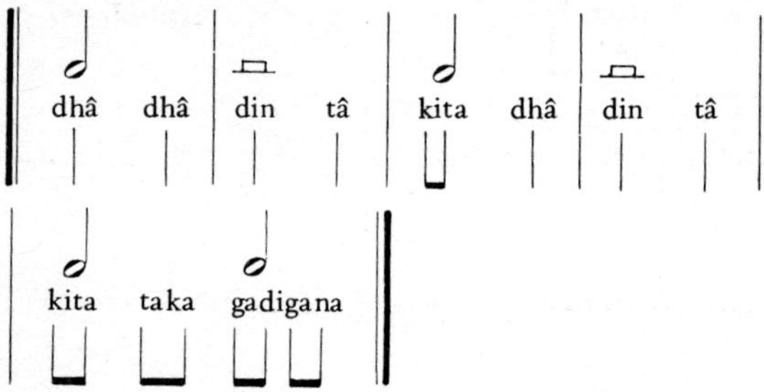

Variationsbeispiel

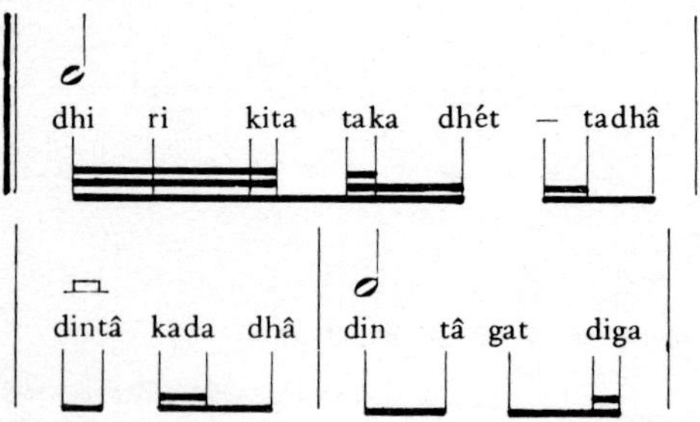

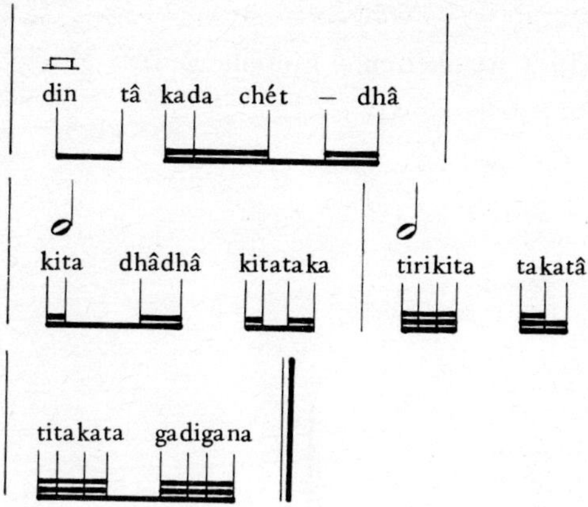

Tîntâla

(3 Schläge, 8 Zeiteinheiten, 4 Einteilungen)

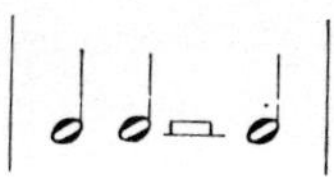

Grundrhythmus

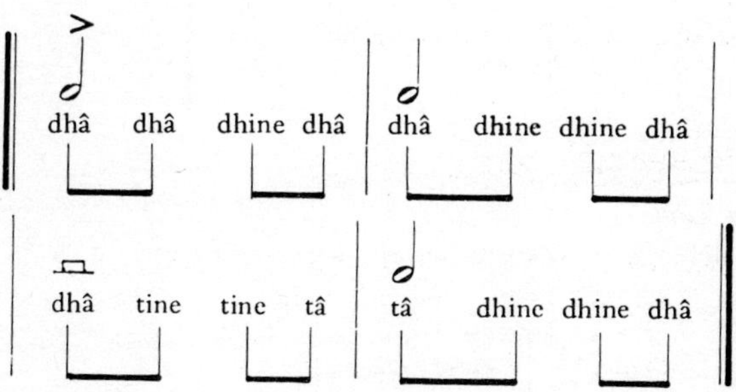

Jhampa Tâla
(3 Schläge, 10 Zeiteinheiten, 4 Einteilungen)

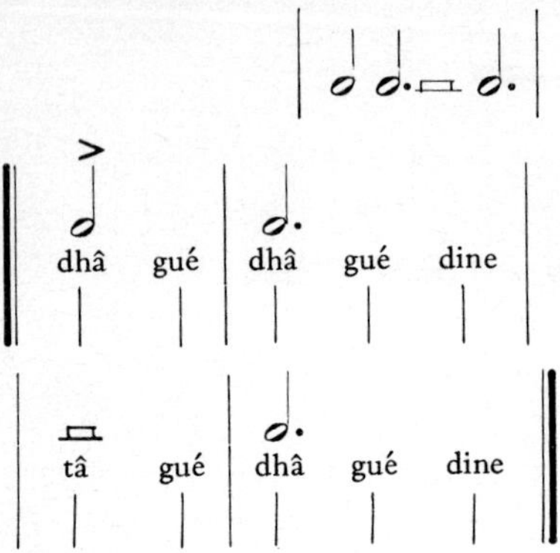

Rûpaka
(3 Schläge, 7 Zeiteinheiten, 3 Einteilungen)

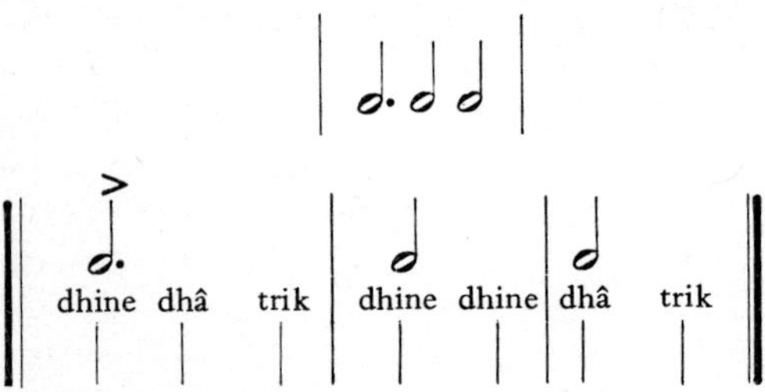

Brahma Tâla
(10 Schläge, 14 Zeiteinheiten, 4 Einteilungen)

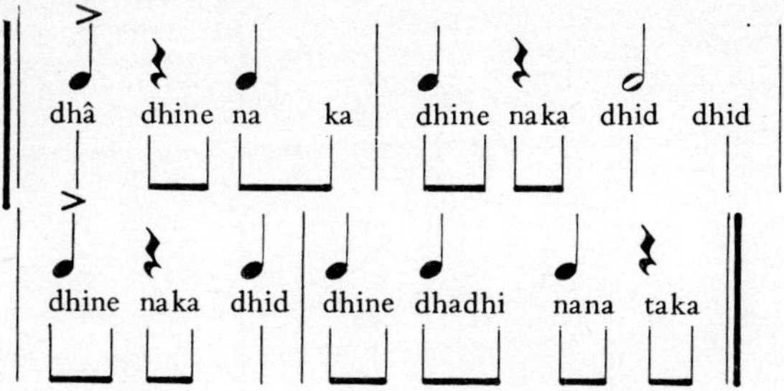

Eka Tâla

(4 Schläge, 12 Zeiteinheiten, 6 Einteilungen)

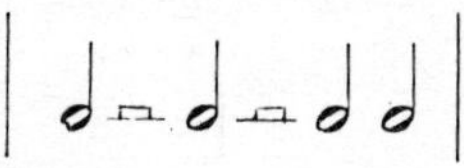

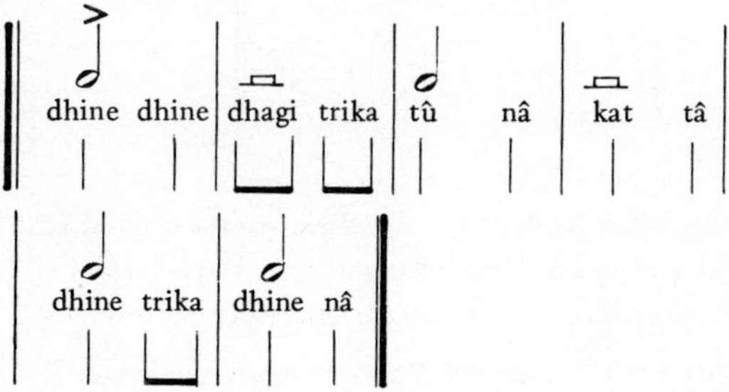

Dhamâr Tâla

(3 Schläge, 14 Zeiteinheiten, 4 Einteilungen)

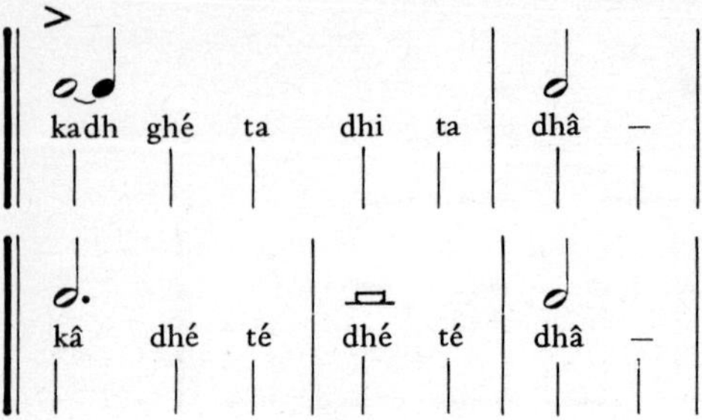

oder manchmal 3 Schläge, 14 Zeiteinheiten, 6 Einteilungen

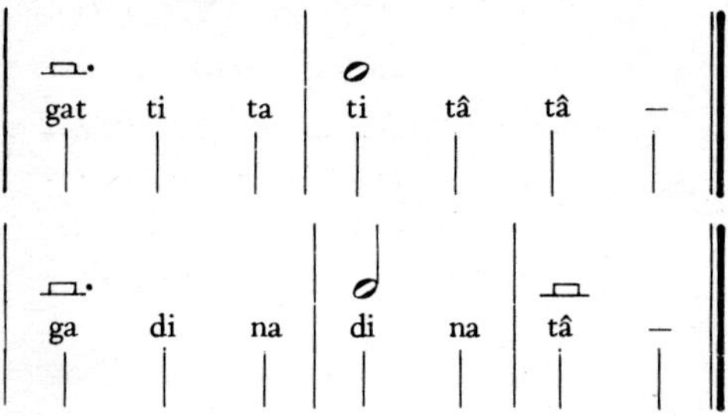

usw.

Ist der rhythmische Rahmen – der *Tâla* – erst einmal festgelegt, fügt der Musiker Verzierungen und Variationen ein, ohne den vorgegebenen Rahmen zu durchbrechen.

Die wichtigsten rhythmischen Verzierungen bzw. Ausschmückungen sind einerseits das sogenannte Kontratempo, das den Schlag zwischen zwei Zeiteinheiten verlegt, und andererseits Verschiebungen, die den Schlag um den Bruchteil einer Sekunde vor die Zeiteinheit (*Avanaddha*) oder nach der Zeiteinheit (*Atîta*) ausführen.

Zeitmaß (Laya)

Die indische Musik kennt drei Zeitmaße: schnell (*druta*), mittel (*madhya*) und langsam (*vilambita*). Jedes Zeitmaß dauert doppelt so lange wie das vorhergehende. Die Einheit des schnellen Zeitmaßes ist die Zeit, die erforderlich ist, um fünf kurze Silben so rasch wie möglich auszusprechen oder fünfmal möglichst schnell mit den Augenlidern zu blinzeln.

Mit dem Begriff *Yati* (Tempo, Bewegung, Gangart) bezeichnen die indischen Autoren Veränderungen des Zeitmaßes. Es gibt drei *Yati*-s: gleichmäßig (*sama*), beschleunigt oder verlangsamt (*srotogata*) und veränderlich "wie ein Kuhschwanz" (*gopuccha*).

V. Vokal- und Instrumentaltechnik

Vokaltechnik und Gesangsstile

In der indischen Musik wird die menschliche Stimme wie ein Instrument gehandhabt, mehr noch, sie wird als das grundlegende Instrument angesehen. Sie muß sich daher allen Erfordernissen der Musik anpassen können, frei von jedem unwillkürlichen Vibrato und dabei deutlich und geschmeidig sein, um die Mikrotöne und die Feinheiten der Verzierungen richtig zu treffen. Dies verlangt eine sehr kontrollierte und sehr weit nach vorn verlagerte Artikulation, die indischen Stimmen eine eigentümliche Klangfülle verleiht. Qualität oder Schönheit der Stimme, wie wir sie verstehen, interessiert den indischen Hörer nur wenig; ihm kommt es in erster Linie auf die Kunst des Musikers und die Präzision seines Instruments – der Stimme – an.

Die Stimme jedes indischen Musikers muß drei Oktaven umfassen, was ihm auf Grund der vorgeschriebenen Artikulationsmethode auch ziemlich leicht gelingt. Er wechselt von der Bruststimme zur Kehl- und zur Kopfstimme, ohne daß ein deutlicher Übergang zum Falsett erfolgt.

Die Gesangsstile sind unterschiedlich ausgeprägt und entsprechen Kompositionsformen mit eindeutig festgelegten Tonfolgen und Verzierungselementen.

Âlâp

Den ersten Teil jeder Improvisation in der klassischen Musik bildet ein langes Präludium, das Âlâp oder "Exposition" genannt wird. Der *Â lâp* hat eine metrische Form, das heißt, er besitzt lange und kurze Notenwerte, aber keine organisierte rhythmische Gestalt. Er ist eine freie und erzählende Improvisation.

Der *Âlâp* ist unentbehrlich, da durch ihn die Stimmung oder Atmosphäre des Modus geschaffen wird.

Nachdem der Musiker den Grundton festgelegt hat, beginnt er mit dem ersten Ton der Leiter, dessen Beziehung zum Grundton und dessen Gefühlswert er eine Weile ausspinnt. Dann schreitet er zum zweiten Ton fort, den er unter Verwendung der Tonika und des ersten Tons variiert, bis der Bedeutungsgehalt auch dieses zweiten Tons voll ausgeschöpft ist. In der gleichen Weise fährt er mit dem dritten, vierten Ton usw. fort, bis er die ganze Skala durchlaufen und somit festgelegt hat.

Erst wenn die Bedeutung jedes Tons und deren Gesamtheit von den Zuhörern aufgenommen und verarbeitet ist, darf der Musiker sich schnellere, mühelosere, brillantere Variationen gestatten, wobei er auch bestimmte Elemente des Modus weglassen kann, ohne dessen Ausdruckscharakter zu verändern.

Im *Âlâp* werden keine Wörter verwendet, sondern konventionelle Silben ohne bestimmten Sinn sowie – für einige Variationen – die Namen der Töne: Sa Ri Ga Ma Pa Dha Ni.

Der *Âlâp* ist der schwierigste Teil der Improvisation. Hier zeigt sich unmittelbar die Persönlichkeit des Künstlers.

Dhrupad

Die alte, unter dem Namen *Prabandha* in allen klassischen Werken beschriebene Kompositionsform bestand aus vier Teilen: *Udgrâha* (Vorspiel), *Melâpaka* (Zusammensetzen der Skala), *Dhruva* (feste Form) und *Âbhoga* (Finale). Der große indische Dichter Jayadeva komponierte im 11. Jahrhundert sein *Gîtagovinda* in *Prabandha*-s, die lediglich die Teile *Dhruva* und *Âbhoga* aufwiesen. Die beiden ersten Teile waren in der Tat ohne Text.

Der *Dhrupad* (volkstümliche Abkürzung von *Dhruva-pada*) besteht aus einem *Dhruva*, in dem der Modus festgelegt wird, und einem *Pada* (Gedicht, das den zweiten Teil bildet); die heutige Form erhielt der *Dhrupad* am Hofe des Herrschers von Gwalior, Râjâ Mâna Simha (1486–1525). Dieser Gesangsstil wurde von berühmten Musikern wie Haridâsa Swâmî und seinem Schüler Tânsen am Hofe des Kaisers Akbar zu höchster Vollendung geführt und hat sich bis in unsere Tage erhalten.

Nach Ansicht des Historikers Abul Fazl (16. Jahrhundert) "liegt dem *Dhrupad* ein rhythmisches Gedicht aus vier Versen zugrunde, für das es hinsichtlich der Prosodie oder der Silbenzahl keinerlei Regeln gibt. Das Thema der Gedichte ist immer wieder der Liebesrausch und seine wunderbaren Wirkungen auf das Herz des Menschen. In Zentralindien heißen diese Lieder *Chind* und sind hauptsächlich Hymnen. In Südindien (Telugu und Tamil) heißen sie *Dhruva* und auch hier steht im Mittelpunkt die Liebe". (*Ain i Akbari*, Bd. III, S. 251).

Der *Dhrupad* ist der strengste der indischen Gesangsstile; er muß sich genau an die Form des Modus halten; Vokalisen und kunstvolle Ausschmückungen sind zu meiden. Der erste Teil des *Dhrupad* ist ein *Âlâp* ohne festgelegten Rhythmus und ohne Worte.

Den zweiten Teil bildet das Gedicht, das in seiner rhythmischen, von der Trommel skandierten Form und in einem zunächst langsamen, dann immer schneller werdenden Zeitmaß gesungen wird.

Das gesungene Gedicht wird mitunter in vier Abschnitte eingeteilt, die *Sthâyî*, *Antara, Samcharî* und *Âbhoga* heißen und in deren Mittelpunkt verschiedene Teile der Skala des Modus stehen: beim *Sthâyî* das erste Tetrachord der unteren Oktave und beim *Antara* das zweite Tetrachord der oberen Oktave, während der *Samcharî* durch die drei Oktaven läuft. *Âbhoga* ist ein Finale.

Da der klassische *Dhrupad* als sehr schwierig gilt, wird er heute nur noch von einigen wenigen großen Musikern gesungen.

Dhamâr

Der *Dhamâr* ist eine rhythmisch betontere Form des *Dhrupad* und wird im Rhythmus *Dhamâr tâla* (3 Schläge, 14 Zeiteinheiten, 4 Einteilungen) gesungen. Die den *Dhamâr*-s zugrunde liegenden Gedichte handeln fast immer von den Liebschaften zwischen dem Gott Krishna und den Hirtenmädchen aus dem Vraja-Wald sowie von den Frühlingsfesten.

Tarânâ

Der *Tarânâ*, der in Südindien *Tellanâ* heißt, ist ein rhythmisch lebhafter und leichter Gesangsstil, bei dem die Worte durch mnemotechnische Silben ersetzt sind, die zur Darstellung der unterschiedlichen Arten, die Trommeln zu schlagen, verwendet werden. Manchmal werden auch einige Wörter aus einem Gedicht und konventionelle Silben ohne Bedeutung (yala, nom, tom, non, dani, usw.) eingeführt.

Der Gebrauch von Trommelsilben oder *Bol* als vokale Basis der Melodien wird schon von mehreren Sanskrit-Autoren erwähnt und stammt zweifellos aus sehr alter Zeit. Der Volkslegende zufolge soll diese Idee jedoch von Amir Khusru herrühren, dem großen Musiker türkischer Herkunft, der Sanskrit nicht beherrschte.

Der *Tarânâ* gehört zu den mit dem *Dhrupad* verwandten Stilen.

Tappâ

Auch der *Tappâ*, der heute sehr selten gesungen wird, ist ein mit dem *Dhrupad* verwandter Gesangsstil, bei dem jeder Ton der strengen *Dhrupad*-Melodie durch kleine Verzierungen und Triller vorsichtig ausgeschmückt wird, ohne jedoch die schlichte und edle Melodielinie zu beeinträchtigen. Diese Ausschmückungen heißen *Murkia.* Die großen Vokalisen des *Khyâl* sind im *Tappâ* verpönt. Nach der Legende liegt dem *Tappâ* eine Art Volkslied zugrunde, das von den Kameltreibern gesungen wurde.

Der große Schöpfer des *Tappâ* war ein Musiker namens Shori, der im 17. Jahrhundert am Hofe von Asaf ud Daulah in Oudh lebte. Auch der Kaiser Mohammed Shâh schätzte den *Tappâ* sehr, der als eine der schwierigsten und raffiniertesten Gattungen der indischen Musik gilt.

Thumrî

Thumrî ist ein liebenswürdiger, zärtlicher und unbeschwerter Gesangsstil, der hauptsächlich von Frauen vorgetragen wird. Er entspricht wahrscheinlich dem alten *Rûpaka.* Viele Modi, die diesen *Thumrî*-s zugrunde liegen, entstammen der Folklore und zeichnen sich durch häufigen Moduswechsel bzw. das Vermischen mehrerer Modi aus; diese Mischungen heißen *Jhillhâ.* Die in den *Thumrî*-s verwendeten hauptsächlichen Grund*râga*-s sind *Khammâja, Kâfî, Pilu, Mand* und deren Ableitungen. In den ernsteren und gehaltvolleren *Râga*-s kommen nur sehr wenige *Thumrî*-s vor, während sie in den Modi mit ausgesprochen männlichem Charakter wie *Darbârî, Mallâr, Hindol, Bhairava, Todî, Shrî,* usw. völlig fehlen. In den *Thumrî*-s werden stets die kleine Sekunde und die kleine Sexte vermieden, die als Intervalle mit pathetischem Charakter gelten.

Bei den Gedichten der *Thumrî*-s handelt es sich immer um Liebesgedichte. Die *Thumrî*-s werden in mäßigem Tempo und nach einem festen Rhythmus von 8 oder 16 Zeiteinheiten gesungen.

Die Technik der *Thumrî*-s sucht Anmut und Eleganz in der melodischen Form und wendet als Verzierung häufig Glissandi an. Die Gefühlswelt der *Thumrî*-s ist stets von starker Ausdruckskraft; sie stellen eine Art Bindeglied zwischen der Kunstmusik und dem schlichten und empfindsamen Volkslied dar.

Dadarâ, Kaharavâ, Rekhatâ und *Ghasel* sind *Thumrî*-Formen, die einfachere und kürzere rhythmische Formeln verwenden.

Ghasel

Unter *Ghaselen* versteht man Gedichte, die im Stil der persischen Musik gesungen werden. Sie wurden Texten in der Urdu-Sprache angepaßt, und so entstanden unter dem Einfluß der indischen Musik *Thumrî*-Formen. *Ghasele* sind Liebeslieder, bisweilen mit einem mystischen Unterton; sie haben nur eine Strophe und werden manchmal in synkopiertem Rhythmus gesungen.

Khyâl

Der *Khyâl* ist der Belcanto der indischen Vokalmusik, ein sehr brillanter und reich ausgeschmückter, mit schwierigen Vokalisen überladener Gesangsstil. Er wurde – der Legende zufolge – zum ersten Mal im 16. Jahrhundert am Hofe von Delhi vorgetragen. Als die erstaunten Zuhörer den

Musiker fragten, was dies für eine neue Art zu singen sei, habe er "Khyâl" geantwortet, was soviel bedeutet wie "paßt auf". In Wirklichkeit leitet sich der Name wahrscheinlich von der anderen Bedeutung des Wortes *Khyâl* her: "Einfall", "Unterhaltung".

Es existieren alte Volksliedformen, die als *Khyâl* bezeichnet werden. Die Erfindung dieses Stils wird Musikern zugeschrieben, die im 13. Jahrhundert am Hofe des Sultans Hussein Shirki in Dschaunpur wirkten. Aber erst den beiden genialen Musikern Sadârang und Adârang am Hofe des letzten Mogulkaisers von Delhi Muhammad Shah, der von 1719 bis 1748 herrschte, ist es zu verdanken, daß der *Khyâl* in die große indische Musik gelangte. Der Name des Kaisers erscheint im Text der Gedichte zahlreicher *Khyâl*-s, die noch heute gesungen werden.

Der *Khyâl* ist der ansprechendste und eleganteste Stil der klassischen indischen Musik, der Stil der großen Gesangsvirtuosen, die darin alle Feinheiten ihrer Technik zur Geltung bringen können.

Die *Khyâl*-s werden in einer Vielzahl von zum Teil recht komplizierten Rhythmen komponiert. Es gibt zwei Varianten: den großen langsamen *Khyâl* und den *Ekeri* oder den kleinen kurzen *Khyâl.* In jedem Fall besteht die Entwicklung aus zwei Teilen: *Sthâyî* und *Antara.*

Der große langsame *Khyâl* kommt mitunter dem *Dhrupad* ziemlich nahe, doch weist er viel mehr Schwung, mehr Vokalisen und Variationen auf.

Die *Âlap*-s (Exposition des Modus) des *Khyâl* sind kompliziert und brillant. Die sogenannten *Tâna*-s – Vokalisen oder Verzierungen der Melodie – machen das Wesen des *Khyâl* aus, während sie im *Dhrupad* verpönt sind. Die Mischung aus *Tâna*-s und *Gamaka*-s, d. h. aus melodischen Verzierungen und Ausschmückungen einzelner Töne, ermöglicht es einem sehr geschickten Musiker, aus dem *Khyâl* ein blendendes Klangfeuerwerk zu machen.

Die *Ekeri*-s oder kleinen *Khyâl*-s sind reine Virtuosenstücke. Sie ähneln bisweilen den *Thumrí*-s, besitzen aber nicht deren Ausdruckskraft und Empfindsamkeit.

Instrumentaltechnik und -stil

Das Hauptinstrument der indischen Musik ist, wie gesagt, die menschliche Stimme. Saiten- und Blasinstrumente suchen im Rahmen des Möglichen die gleichen Modulationen, die gleichen Verzierungen nachzuahmen, wie sie der Stimme eigen sind. So folgt zum Beispiel der auf Saiteninstrumenten gespielte *Âlâp* genau den gleichen Formen wie der gesungene *Âlâp*. Glissandi und Verzierungen erzielt man dadurch, daß man die Saite auf dem Griffbrett seitlich wegzieht, um so ihre Spannung zu erhöhen. Auch werden oft zwei Saiten angeschlagen, die die Tonika und deren Oktave angeben und auf diese Weise dem Stück als modale wie rhythmische Grundlage dienen.

Bei den auf der *Vínâ* oder dem *Sitâr* ausgeführten rhythmischen Abläufen unterscheidet man besondere Stilarten, die bei der Entwicklung des *Râga* nacheinander angewendet werden. Die hauptsächlichsten Stilrichtungen heißen *Thonk, Jhalâ, Joda.*

Konzerte

Die indische Kunstmusik ist vor allem Kammermusik. Das Klangvolumen der Stimmen und Instrumente bleibt gering. Die Formen der großen Kunstmusik, so wie sie heute existiert, haben sich in den Fürstenpalästen für eine nur sehr kleine Schar von Zuhörern entwickelt und besitzen daher den Charakter einer intimen und verfeinerten Salonkunst.

Es gibt aber auch andere Formen, die im Freien aufgeführt werden. Hier verwendet man vorzugsweise Blasinstrumente, insbesondere die indische Oboe *Shahnaï*, die noch von wenigen bewunderungswürdigen Virtuosen beherrscht wird.

Die Formen der Theatermusik, die sich in Nordindien erhalten haben, sind heute stark entartet und müssen zur Folklore gerechnet werden. An traditionellen Theatern gibt es nur noch das Volkstheater, zu dessen bedeutendsten Darbietungen die alljährlichen großen Aufführungen der Heldenepen von Krishna und Râma zählen.

Jedes Jahr spielt und singt man mehrere Wochen lang, und zwar jeden Tag an einer anderen Stelle der Stadt oder des Dorfes, eine Episode aus dem Leben Krishnas. Diese Aufführung heißt *Krishna lîlâ*. Anschließend spielt man während eines weiteren Monats Episoden aus dem *Râmâyana*, der Legende von Rama. Diese Darbietungen sind als *Râma lîlâ* bekannt.

In solchen Aufführungen mit prächtigen Kostümen und aufwendigen Requisiten traten einst große Künstler auf, die ihre Ausbildung in den Schulen des traditionellen Theaters erhalten hatten. Während in Nordindien derartige Schulen verschwunden sind, gibt es noch einige im Süden, wie beispielsweise die berühmte *Kathakali*-Schule in Kerala.

Die klassische Musik hat sich ein großes Publikum bewahrt. Seit einigen Jahren sind die Fürsten enteignet; dadurch haben die großen Musiker ihre traditionellen Mäzene und Beschützer verloren. Inzwischen haben sich jedoch Organisationen zur Durchführung öffentlicher Konzerte konstituiert, vor allem der sogenannten "Musikfestivals" oder *Sangîta Sammelana*. Es handelt sich dabei um Konzertveranstaltungen in riesigen Zuhörerräumen, im allgemeinen unter Zelten, die manchmal bis zu dreitausend Personen fassen. Die Plätze sind teuer, selbst wenn man europäische Maßstäbe zugrunde legt. Eine Woche lang, von neun Uhr früh bis zwei oder drei Uhr nachts treten pausenlos Musiker oder Gruppen von Musikern auf. Die Leute kommen und gehen und hören sich die Musiker an, die sie am meisten interessieren.

Für den Auftritt auf einem solchen "Musikfestival" oder für ein Privatkonzert kann ein großer renommierter Musiker ein auch für europäische Verhältnisse sehr beträchtliches Honorar verlangen. Daraus läßt sich ersehen, daß in Indien ein sehr bedeutender Teil des Publikums der großen traditionellen Musik treu geblieben ist.

Rundfunk und Fernsehen spielen ebenfalls eine nicht unbeträchtliche Rolle; diese Medien sind es, die heute als Förderer und Gönner großer indischer Musik auftreten.

Lehrmethoden

Die Unterweisung in der indischen Musik ist und bleibt streng traditionell. Auf der Grundlage eines engen Verhältnisses zwischen Lehrer und Schüler muß der künftige Musiker zuhören lernen und sich jahrelang weiterbilden, ehe er selber zu spielen anfängt.

Zahlreiche Anstrengungen galten dem Versuch, den Lehrbetrieb dadurch zu modernisieren, daß man sich westliche Musikschulen zum Vorbild nahm. Die Ergebnisse waren katastrophal. Das Technische in der indischen Musik ist so eng mit dem Ausdrucks- und Gefühlsgehalt verbunden, daß eine entsprechende Unterweisung, die auf elementare Grundlagen aufbaut, sehr schwerfällt. Man muß spieltechnische Details im ganzen und auf allerhöchstem Niveau erfassen. Dies ist aber nur durch den ständigen Kontakt und Umgang mit dem Lehrer, dem großen Musiker und seiner persönlichen Arbeit möglich. Es ist für den Lehrer sehr schwierig, mehrere Schüler zu haben, denn man darf nicht – wie sonst üblich – den unterrichtenden Lehrer von dem großen Interpreten trennen, der hier überdies auch noch Komponist und Improvisator ist.

Wenn die große indische Musik überleben soll, wird man Mittel und Wege finden müssen, die Formen der traditionellen Musikunterweisung auch im Rahmen des heutigen Lebens beizubehalten.

Diese Methode, musikalische Kunstwerke zu überliefern, hat die Entstehung sehr unterschiedlicher Stile und Schulen zur Folge, denn die Persönlichkeit des jeweiligen Musikers drückt dem Unterricht ihren Stempel auf. In Nordindien gibt es eine Reihe von Schulen oder *Gharana*-s, die entweder nach einem berühmten Musiker der Vergangenheit, dessen Tradition sie fortsetzen, oder nach dem Ort, wo diese Tradition fortgesetzt wird, benannt sind. So spricht man zum Beispiel von der Tânsen-Tradition oder auch von der Râmpur- oder Gwalior-Schule.

Diese verschiedenen Schulen weisen oft recht erhebliche Unterschiede in den Aufführungsstilen und sogar in der Struktur der Modi oder der Rhythmen auf.

Vier Traditionen, die noch heute in Nordindien existieren, berufen sich, was die Gesangsstile und die Sprache der gesungenen Gedichte betrifft, auf Musiker am Hofe des Kaiser Akbar. Diese vier Traditionen heißen *Vânî*-s (Worte). Tatsächlich wurde zur Zeit Akbars das Sanskrit als gesungene Sprache aufgegeben, und Melodien, deren Text in volkstümlicher Sprache abgefaßt war, begannen sich immer mehr durchzusetzen. Man unterscheidet die folgenden vier *Vânî*-s:

Gaudî Vânî ist die Tradition von Tânsen, der ein Brahmane der Gaudî-Kaste war. Nach seinem Übertritt zum Islam wurde diese Tradition als *Gobara-hârî* (Kuhfladenfresser) verspottet.

Khandâri Vânî repräsentiert die Tradition von Samokhana Simha (Naubad Khân), der im Dorf Khandâra in Radschputana geboren wurde.

Dâgura Vânî ist die Tradition von Vrija Chanda, der im Dorf Dâgura in der Nähe von Delhi geboren wurde.

Nauhârî Vânî stellt die Tradition von Shrichanda dar, der im Dorf Nohara in Radschputana geboren wurde.

Sämtliche heutigen Dynastien klassischer Musiker gehören zu einer der vorerwähnten Traditionen. In diesen *Gharana*-s wird die Musik vom Vater auf den Sohn oder vom Lehrer auf den Schüler vererbt. Der Schüler, ist er erst einmal vom Lehrer zur Fortsetzung seines Werkes ausersehen, wird als leiblicher Sohn betrachtet und hat die gleichen Pflichten.

Die Schule von Râmpur gehört beispielsweise zur *Gobarahârî*, die Gwalior-Schule zur *Kandârî Vânî*, die Schule von Agra dagegen zur *Dâgura Vânî*.

Der berühmte Musiker Alladiya Khân, der zu Beginn dieses Jahrhunderts in Kolhapur starb, gehörte der *Dâgura Vânî* an. Alle Mahratten-Musiker der Bombay-Schule sind seine Schüler. Die Gebrüder Dagar sind die besten lebenden Repräsentanten dieser Tradition.

VI. Instrumente

In Indien gab es schon immer eine große Zahl von Musikinstrumenten. Die alten Sanskritschriften teilen die Instrumente in vier Gruppen ein: Saiteninstrumente, Blasinstrumente, Schlaginstrumente (Xylophon, Glocken, usw.) und Trommeln oder Fellinstrumente.

Saiteninstrumente

Die meisten Saiteninstrumente haben trotz ihrer Größe nur ein geringes Klangvolumen, weil die Saiten nicht sehr straff gespannt sind, damit sie für Glissando-Effekte und Verzierungen – wesentliche Elemente der indischen Musik – seitlich weggezogen werden können.

Harfe

Die antike Harfe hat in der alten Musik eine entscheidende Rolle gespielt. Bildliche Darstellungen des Instruments finden sich bereits in vor- und nachchristlicher Zeit. Eine Münze aus dem 4. Jahrhundert n. Chr. stellt den König Samudragupta beim Harfespiel dar. Erst im 6. Jahrhundert verlor die Harfe als bevorzugtes Instrument an Einfluß; an ihre Stelle trat allmählich die Laute. Die letzten bekannten Darstellungen der Bogenharfe auf Tempelskulpturen stammen aus dem 12. Jahrhundert, doch war das Instrument noch mehrere Jahrhunderte lang in Südindien und den angrenzenden Ländern in Gebrauch und kommt noch heute in Burma vor. Instrumente aus der Familie der Harfe mit einer Vielzahl von Saiten werden in verschiedenen alten Werken beschrieben. Die Harfe stammt nicht aus Indien, sondern wurde zu einer weit zurückliegenden Zeit nach Indien eingeführt. Sie hieß damals *Kinnarî Vînâ*, was nach Ansicht der Sprachwissenschaftler soviel wie "Saiteninstrument der Kentauren" bedeutet.

Moderne Vînâ

In der altindischen Musik wurden verschiedene gezupfte Saiteninstrumente als *Vînâ* bezeichnet, beispielsweise *Kinnarî Vînâ, Kachapî Vînâ, Rudra Vînâ*, usw. Heute bleibt dieser Begriff zwei Instrumenten vorbehalten: der nordindischen *Vînâ* oder *Rudra Vînâ* und der südindischen *Vînâ* oder *Sarasvatî Vînâ* (diese beiden Namen werden mitunter vertauscht).

Die nordindische *Vînâ*, die seit der muslimischen Epoche mitunter auch die Bezeichnung *Bîn* trägt, ist die älteste der mit Bünden versehenen indischen Lauten. Sie besteht aus einer Bambusröhre, unter der mit Hilfe von Metalltuben zwei getrocknete Kalebassen als kugelförmige Resonatoren befestigt sind. Da die Bambusröhre selber ein Resonanzkörper ist, dürfte der Ausdruck "Stabzither". der bisweilen für die *Vînâ* verwendet wird, unzutreffend sein. Die ältesten Ausführungen des Instruments besitzen nur einen Resonanzkörper. Ein ähnliches Instrument mit drei Resonanzkalebassen wird von Abul Fazl, einem Musikgelehrten des 16. Jahrhunderts, *Kinnâra* genannt.

Zweiundzwanzig Bünde (zwölf für die Oktave) sind auf der Bambusröhre mit Wachs befestigt. Das Instrument besitzt sieben Saiten: vier Melodiesaiten im Diskant – zwei aus Stahl und zwei aus Kupfer –, die als Tonika, Quinte, Oktave und Quarte gestimmt sind, und drei seitliche Stahlsaiten, die die Tonika und ihre beiden Oktaven angeben. Diese Saiten werden mit Stahlplektren gespielt, die auf dem Zeige- und Mittelfinger sowie auf dem kleinen Finger der rechten Hand sitzen. Das auf zahlreichen Gemälden des 15. und 16. Jahrhunderts abgebildete Instrument ist noch heute in Gebrauch.

Die *Vînâ* gilt als das edelste und zugleich schwierigste Instrument. Beim Spielen wird sie quer vor der Brust gehalten, wobei eine Resonanzkalebasse auf der linken Schulter, die andere auf dem rechten Knie ruht.

Der andere Typ der klassischen *Vînâ* hat die Form einer sehr langen Mandoline. Ihr breiter Hals, der die Bünde trägt, läuft in einen halbkugeligen Resonator aus Holz aus. Am oberen Ende des Halses ist ein kleinerer Resonator befestigt, der aus einem Kürbis hergestellt wird. Diese heute für die südindische Musik typische *Vînâ* ist ein hybrides Instrument und nicht so alt wie das nordindische Gegenstück. Zum Spielen wird das Instrument waagerecht auf die Erde gelegt oder auch auf ein Knie gestützt. Die Anordnung der Saiten und der Bünde ist ähnlich wie bei der nordindischen *Vînâ*.

Noch zahlreiche andere, von diesen beiden *Vînâ*-Arten abgeleitete Instrumente sind in den alten Schriften erwähnt. Viele existieren noch heute, doch da sich oft die

Namen geändert und die Formen geringfügige Abwandlungen erfahren haben, ist es nicht immer möglich, sie eindeutig zu identifizieren.

Sitâr

Der *Sitâr* ist heute das gebräuchlichste Instrument; seine gegenwärtige Form erhielt das Instrument etwa im 17. Jahrhundert, obwohl seine Erfindung bereits Amir Khusru im 13. Jahrhundert zugeschrieben wird.

Der *Sitâr* besteht aus einem halbkugeligen Resonanzkörper an einem sehr langen Hals, auf dem in Führungsschienen bewegliche Bünde sitzen. Pro Oktave sind lediglich neun Bünde vorgesehen. Vier Saiten aus Stahl und Kupfer, die oberhalb der Bünde angeordnet sind, laufen über einen Elfenbeinsteg in der Mitte des Resonanzkörpers. Diese Saiten sind auf die Tonika, Quinte, Oktave und Quarte gestimmt und dienen zur Entwicklung der Melodie. Zwei zusätzliche, seitlich angebrachte Saiten geben den Bordun der Tonika und ihrer Oktave an; desgleichen ermöglichen sie rhythmische Variationen. Die Saiten werden mit einem zwischen Daumen und Zeigefinger gehaltenen Plektrum oder mit einem Metallnagel angerissen. Der Steg ist so konstruiert, daß er ein äußerst breites Spektrum an Obertönen ergibt, die den ziemlich dünnen Klang des *Sitâr* für ungeübte Ohren oft wenig angenehm erscheinen lassen. Unterhalb der Bünde sind bisweilen rund zwanzig Resonanzsaiten angeordnet. Das Wort *Sitâr* stammt aus dem Persischen, doch bestehen zwischen dem iranischen *Sehtar* und dem indischen Instrument grundlegende Unterschiede. Wahrscheinlich wurde der alte Name des Instruments, das früher *Chitra-vînâ* hieß, am mongolischen Hof persifiziert.

Sarod

Der *Sarod* ist das klangvollste und eines der schönsten indischen Instrumente. Der Schallkörper ist halbkugelförmig und mit einer Haut überzogen, die den Steg trägt. Der Hals – fast ebenso breit wie der Schallkörper – weist bis zu den Wirbeln eine geringfügige Verjüngung auf und ist mit einer sehr glatten Metallplatte abgedeckt, die als Griffbrett dient. Die Glissandi werden im Gegensatz zur *Vînâ* oder zum *Sitâr*, wo man die Saite seitlich wegzieht, durch Abwärtsbewegung längs der Saite erzeugt. Das Instrument hat vier Melodiesaiten und zahlreiche Resonanzsaiten. Der *Sarod* wird wie die *Vînâ* und der *Sitâr* mit einem Stahldrahtplektrum geschlagen.

Sarangî

Die *Sarangî* ist das wichtigste der gestrichenen Saiteninstrumente Indiens. Sie besteht aus einem massiven Schallkörper mit einem breiten Hals. Der Steg sitzt auf einer gespannten Haut. Drei oder vier Darmsaiten werden mit einem kurzen gekrümmten Bogen gestrichen. Unter den Hauptsaiten sind dreizehn Resonanzsaiten aus Metall angeordnet. Es gibt *Sarangî*-s verschiedener Größe, darunter einige von ziemlicher Breite. Das Instrument dient vor allem zur Gesangsbegleitung und zeichnet sich durch Tonschönheit und eine Vielfalt von expressiven Nuancen aus. Der Name *Sarangî* leitet sich wahrscheinlich von der alten Bezeichnung *Sâranga Vînâ* her, die in den Sanskrit-Werken zu finden ist.

Sarindâ

Die *Sarindâ* ist ein mit der *Sarangî* verwandtes Streichinstrument von recht merkwürdiger Form. Der in der Mitte stark verjüngte Schallkasten verbreitert sich ein wenig nach unten, viel ausladender dagegen zum oberen Teil hin, der in zwei Spitzen ausläuft und gleich Vogelschwingen wieder zurückfällt. Der Hals ist sehr kurz. Die drei Darmsaiten werden mit einem kurzen gekrümmten Bogen gestrichen. Das Instrument dient fast ausschließlich zur Gesangsbegleitung.

Sura-sringâra

Der *Sura-sringâra* ist ein achtsaitiges Instrument, das mit einem Plektrum gespielt wird. Die Saiten sind aus Metall und auf C C G C E C D G gestimmt, doch ist die Stimmung der E- und der D-Saite je nach den *Râga*-s verschieden. Unterhalb der Spielsaiten befindet sich eine Reihe mitschwingender Saiten. Die Form des Instruments gleicht etwa der des arabischen *Rabâb*. Der im Vergleich zum *Sitâr* längere Schallkasten besteht aus einem doppelten halbkugeligen Resonanzkörper; der Hals verbreitert sich zu einem großen metallüberzogenen Resonanzboden. Durch zwei auf dem Hals sitzende Bünde wird der Tonumfang stark erweitert. Das heute ziemlich seltene Instrument besitzt einen sanften und tiefen Klang, der ein wenig an ein Violoncello-Pizzicato erinnert.

Tânpûrâ

Die *Tânpûrâ* wird bisweilen, besonders wenn sie kleiner ist, *Tamburî* genannt und dient in erster Linie zur Begleitung indischer Vokalmusik, aber auch bestimmter Saiteninstrumente. Sie besteht aus einem halbkugeligen Resonanzkörper und einem langen Hals, an dessen Ende vier Wirbel sitzen. Sie gleicht in der Form dem *Sitâr*, hat aber keine Bünde. Ihre vier Stahl- und Kupfersaiten werden nacheinander gespielt und geben den Grundton und dessen Oktave sowie die Quinte und ihre Oktave an. Die Saiten sind durch Löcher in einer Strebe in der Nähe der Wirbel geführt. Der Steg besteht aus Holz oder Elfenbein und ist in der Mitte der Abdeckung des runden Schallkörpers angeordnet. Dieser Steg ist flach und derart gebogen, daß er starke Obertöne ergibt, von denen einige bisweilen sogar stärker sind als der Grundton der Saite. Ein zwischen den Saiten und dem Steg befindlicher Seidenfaden verstärkt die unbestimmte Klangfarbe, die an das Geräusch eines Bienenschwarms erinnert. Das Instrument hat keinerlei melodische Funktion und gibt lediglich eine Art Grundakkord, der für die wechselnde modale Struktur der ausgeführten *Raga*-s den festen Hintergrund aus Tonika und Quinte bildet. Die Deutlichkeit einiger Obertöne hilft den Musikern ferner, richtig zu singen. Angeblich leitet sich der Name des Instruments von der alten *Tumburu Vînâ* ab; wahrscheinlicher ist jedoch, daß ihm die alte Bedeutung des Wortes *tâna*, d. h. "Ton", zugrunde liegt. Tatsächlich handelt es sich um ein Instrument, das den Ton angibt.

Eka-tantri

Das *Eka-tantri*, das mitunter auch als *Tuntuni* bezeichnet wird, ist ein Instrument aus Nordindien und Bengalen. Ein an einem Ende mit einer Haut überzogener Hohlzylinder ist an einem Bambusrohr befestigt. Eine einzige Saite ist in der Mitte der Haut und am Ende des Bambusrohrs durch einen Wirbel befestigt. Durch geringfügiges Durchbiegen des Bambusrohrs kann man die Spannung der Haut und damit den Ton verändern. Manche Wandermönche benutzen das Instrument, um ihre Gesänge zu begleiten. Der *Gopiyantra* ist ein ähnliches Instrument.

Eka-târa

Der *Eka-târa* ist eine kleine zweisaitige Begleitlaute umherziehender Sänger. Der Name bedeutete "Einsaiter", und tatsächlich existieren noch alte Instrumente mit nur einer Saite, obwohl es heute üblich ist, zwei Saiten zu verwenden. Der *Eka-târa* wird ohne Plektrum ähnlich wie eine Gitarre gespielt.

Do-târa

Die "doppelsaitige" *Do-târa* ist ein indisches Volksinstrument, das der *Eka-târa* ähnelt: eine kleine Laute, die zur Gesangsbegleitung dient. Der Klang gleicht dem der Gitarre. Er ist das Instrument der berühmten Wandersänger, die in den Dörfern Ostbengalens die sogenannten *Baul*-s vortragen, Gesänge mit erotischem und zugleich religiösem Inhalt.

Esraj

Die *Esraj*, die vor allem in Bengalen zur Gesangsbegleitung dient, nimmt als Instrument eine eigentümliche Zwitterstellung ein. Der breite Hals, der ähnlich wie der des *Sitâr* ausgebildet ist, besteht aus Holz und trägt Bünde. Der sehr kleine Resonator ist mit einer Haut überzogen, die den Steg hält. Die Saiten sind aus Metall, werden jedoch mit einem Bogen gestrichen. Der Klang ist ziemlich näselnd und besitzt nichts von den Eigenschaften der *Sarangî*. Die Stimmung ist C G C F wie bei der *Vînâ*.

Svara-mandala

Das *Svara-mandala* oder indische Hackbrett ist das Gegenstück zum iranischen *Qânûn*. Im wesentlichen gleicht das

Instrument einer Art waagerechter Harfe, die auf einem flachen Schallkasten aufliegt. Über diesen sind zahlreiche Saiten gespannt, im allgemeinen 36. In den alten Texten ist sogar von einem *Svara-mandala* mit hundert Saiten, dem *Shat-tantri*, die Rede. Der ursprüngliche Name scheint nach der Tradition *Katyâyana Vînâ* gewesen zu sein. Die Saiten sind an Metallwirbeln befestigt, die auf Grund der sehr starken Spannung mit Hilfe eines Schlüssels gestimmt werden. Die Saiten werden mit Stahldrahtplektren angerissen, die auf den Fingerkuppen sitzen. Eine Metallrolle, die sich gegen die Saiten legt, gestattet die Ausführung von Glissandi und schwierigen Verzierungen. Auf Grund spieltechnischer Probleme und seines hohen Preises ist das sanft klingende Instrument heute jedoch ziemlich selten. Das von den indischen Zigeunern in Europa eingeführte Instrument wurde hier zum Cimbal. Auf Grund seiner Spieltechnik unterscheidet es sich aber wesentlich vom persischen Cimbal oder *Santur*, das gekreuzte Saitenchöre besitzt und mit Klöppeln geschlagen wird.

Flöten

Es gibt eine ziemlich große Zahl von Quer- und Längsflöten, kleine und große, mit oder ohne Mundstück, aus Bambus, Kupfer oder Silber. Die gebräuchlichen Bezeichnungen der Hauptflöten sind *Muralî*, *Vamsha* und *Bansuri*, doch werden diese Namen manchmal untereinander ausgetauscht.

Muralî

Die *Muralî* ist die klassische, aus einem Bambusrohr gefertigte indische Querflöte. Außer der Anblasöffnung weist sie sechs Grifflöcher auf, ihre Länge beträgt im allgemeinen 35 bis 40 Zentimeter. Die Flöte kann auch aus Kupfer oder Silber bestehen. Die *Muralî* ist die Flöte, die der Gott Krishna auf sämtlichen Darstellungen älteren und neueren Datums spielt.

Vamsha

Der *Vamsha* ist eine gerade mundstücklose Flöte, ein einfaches, an beiden Enden offenes Bambusrohr, auf dessen Rand die Lippen einen Luftstrom blasen. Diese Flöten sind mitunter sehr lang und haben einen tiefen, sanften und geheimnisvollen Klang, fast wie eine psalmodierende menschliche Stimme. Man stellt den *Vamsha* aus knotenfreiem Bambus her, der sich in der Gegend von Assam und Manipur findet. Die Flöte hat sechs Grifflöcher, bisweilen ein siebentes auf der Unterseite. Durch nur teilweise Abdeckung der Grifflöcher gelingt es guten Instrumentalisten, die Intervalle zu verändern und raffinierte und präzise Verzierungen auszuführen.

Bansuri

Bansuri heißt die Schnabelflöte aus Bambus mit Pfeifenmundstück. Das im allgemeinen kleine Instrument besitzt sieben Grifflöcher und ein achtes auf der Unterseite. Als Material wird nicht nur Bambus, sondern auch Kupfer oder Silber verwendet.

Im Himalaya findet man Doppelflöten bestehend aus einem *Bansuri*, dem eine zweite gleich große Flöte ohne Grifflöcher als Borduninstrument angefügt ist.

Shankha

Shankha heißt eine Meeresmuschel, deren Kegel durchbohrt ist und als Anblasöffnung dient. Auf diesem Instrument kann man zwar keine Melodie spielen, doch gelingt es, mit dem Mund den Ton auf recht merkwürdige Weise zu modellieren und zu verändern. Die Muschel, die einst im Schlachtgetümmel geblasen wurde, findet heute nur noch bei Tempelriten und bei Prozessionen Verwendung. Das Instrument wird sehr oft in den Heldenepen und in den *Purâna*-s erwähnt und besitzt ähnlich wie Glocke und Gong sakralen Charakter.

Shringa

Die Bezeichnung *Shringa* (Horn) oder *Singha* wird verschiedenen Arten von Hörnern beigelegt. Das einfachste ist ein Kuhhorn (*Go-shringa*), das Lieblingsinstrument des Gottes Shiva. Es dient als Kriegssignalhorn und wird bei religiösen Zeremonien verwendet. Das echte Kriegshorn – *Rana-shringa* genannt – ist ein langgestrecktes, S-förmiges Instrument aus Kupfer, das von hohlen Teilungsringen umgeben ist, in denen kleine Metallkügelchen rasseln, sobald das Horn bewegt wird. Das große abgerundete Kriegshorn heißt *Nara-singha.*

Tûrya

Es gibt in Indien mehrere Arten von *Tûrya*-s oder Trompeten, von denen die größte die über zwei Meter lange *Râma-shringa* ist. Sie findet hauptsächlich bei den Tempelzeremonien im Süden des Landes Verwendung. Ferner trifft man sie bei einigen Stämmen des Himalaya und in Tibet an. Wegen seines Gewichts muß das Instrument entweder aufgehängt oder mit dem Schallbecher auf dem Erdboden abgestützt werden. Der schauerlich-unheilverkündende Klang ist sehr weit zu hören.

Nafari heißt die helltönende, langgestreckte, sehr dünne und leichte persische Kriegstrompete. Sie wird jetzt kaum noch benutzt, da man in der heutigen indischen Armee nur auf Instrumenten englischer Herkunft spielt.

Shahnâi

Die *Shahnâi* oder indische Oboe ist ein Instrument, das durch seine Klangfülle, aber auch durch seine feinen Tonabstufungen besticht und aus einem sich nach unten erweiternden und mit sieben Grifflöchern versehenen Holzrohr besteht. Am weiten Ende sitzt ein kupferner Schallbecher, am anderen, schmalen Ende ein ebenfalls kupfernes Mundstück mit eingesetzter dünner Röhre, an der mittels eines Seidenfadens zwei Schilfrohrlamellen befestigt sind. Diese Doppelrohrblätter reichen bis in den Mund und lassen sich beim Spiel nur sehr schwer in der richtigen Lage halten. Daher findet man im Shahnâi-Orchester stets zwei Solisten, die miteinander abwechseln, sobald der eine von ihnen in Schwierigkeiten ist, und an deren Instrument aus diesem Grunde eine Reihe von Ersatzrohrblättern hängt. Ein drittes Instrument mit der Bezeichnung *Sûr* (Svara), das der *Shahnâi* gleicht, aber keine Grifflöcher hat, gibt die Tonika an. Die *Shahnâi* wird im allgemeinen bei Festen oder Zeremonien draußen vor dem Palast- oder Tempeltor, aber auch vor der Haustür gespielt. Das Wort *Shahnâi* leitet sich vom persischen *naî* her.

Das altsumerische *naî* bezog sich auf das gleiche Instrument. Die eigentliche indische Bezeichnung ist *Mukha Vînâ* (Mund-*Vînâ*).

TROMMELN UND ANDERE SCHLAGINSTRUMENTE

Mridanga

Der *Mridanga* ist die klassische Trommel Indiens. Er besteht aus einem langzylindrischen Hohlkörper aus Holz, der zu etwa einem Drittel seiner Länge ausgebaucht ist und dessen beide Enden jeweils mit einem Fell überspannt sind.

Das Wort "Mridanga" bedeutet "irdenes Glied" und deutet darauf hin, daß diese Trommel ursprünglich aus gebranntem Ton hergestellt wurde. Der Name des Instruments taucht bereits im 3. vorchristlichen Jahrtausend im *Rigweda* (5, 33, 6) auf.

Maddalam

Der *Maddalam* ist eine kürzere und weniger ausgebauchte Variante des *Mridanga*. Die übrigen Merkmale sind gleich. Heute wird das Instrument nur noch von Eingeborenenstämmen Bengalens und den Tänzern der Malabar-Küste gespielt.

Pakhâvaj

Der *Pakhâvaj* ist eine große Ausführung des *Mridanga* und kommt in Nordindien, vor allem in Bengalen, vor. Die Trommel hat einen tiefen und vollen Klang, gestattet aber die feinsten Veränderungen des Anschlags. Einst diente das Instrument zur Begleitung der edlen Musik, insbesondere der *Vînâ*; heute wird es in zunehmendem Maße durch die *Tablâ* ersetzt. *Dhrupad*-Sänger werden stets auf dem *Pakhâvaj* begleitet.

Dhol und Dholak

Dhol und *Dholak* (kleines *Dhol*) heißen volkstümliche zweifellige Horizontaltrommeln mittlerer Größe. Das *Dhol* besteht aus einem ausgehöhlten Holzzylinder. Auf jeder Seite ist ein Fell mittels Lederriemen befestigt, deren Spannung durch verschiebbare Schlaufen und einen um den Trommelkorpus gelegten kreisförmigen Gurt gewährleistet ist. Der *Dholak* erzeugt keinen bestimmten Ton wie der *Mridanga* oder die *Tablâ*; der Klangcharakter ist neutral. Folglich braucht das Stimmsystem nicht so kompliziert zu sein.

Tablâ

Die *Tablâ* ist gleichsam ein zweigeteilter *Mridanga.* Sie besteht aus einer einfelligen Trommel – der eigentlichen *Tablâ* – zur Rechten des Spielers und einer kleinen Pauke, die *Bâyâ* heißt, links von ihm. Die *Tablâ* ist mit einer Tierhaut überzogen, um die eine geflochtene Lederschnur befestigt ist, unter der die schmalen Lederriemen zum Spannen des Fells durchgezogen sind. Auf diese Weise erzielt man eine völlig gleichmäßige Stimmung der verschiedenen Fellpartien und eine hervorragende Klangfülle. Die Fellspannung wird wie beim *Mridanga* dadurch reguliert, daß man auf die unter den Riemen sitzenden Holzpflöcke mit einem Hammer schlägt. Die Mitte der *Tablâ* ist durch ein kleines, mit Pech vermischtes Mehlkügelchen beschwert, das die Reinheit des Klanges gewährleistet. Die *Tablâ*, die aufrecht auf dem Boden steht, wird entweder mit der rechten Handfläche, dem Handgelenk, mit einem oder zwei ausgestreckten Fingern oder auch mit den Fingerkuppen der rechten Hand geschlagen, und zwar auf den Rand, auf das Fell oder genau auf den schwarzen Fleck in der Mitte. Daraus resultiert eine große Zahl verschiedener Anschlagsarten.

Gleichzeitig schlägt der Spieler die tiefer klingende und nicht so genau gestimmte *Bâyâ* mit dem Handgelenk oder der Handfläche und den Fingerkuppen der linken Hand. Auf der *Bâyâ* wird das Tempo des Rhythmus angegeben. Ein Mehlkügelchen, das kleiner ist als das der *Tablâ*, befindet sich in der Nähe des Trommelrandes. Das Fell der *Bâyâ* wird durch Schnüre gespannt, wobei kleine Kupferringe ein Verstellen der Fellspannung ermöglichen.

Khol

Der *Khol* ist eine weitverbreitete, meist sehr große, doppelkegelförmige und im Vergleich zum *Mridanga* viel stärker ausgebauchte Trommel. Die Befestigung der beiden Felle ist einfacher ausgeführt und besteht aus geraden Schnüren oder Riemen. Die Felle sind durch keine Mehl-Pech-Kügelchen beschwert; der Klang des Instruments ist unbestimmt. Die Trommel wird in der gleichen Weise benutzt wie der *Dholak*. Insbesondere in Ostindien ist der *Khol* das Instrument, das den eingeborenen Stämmen, vor allen den Santal, zur Begleitung ihrer Tänze dient.

Khurdak

Unter *Khurdak* versteht man ein Paar sehr kleiner Pauken, die bei einigen Stämmen und bei den unteren Kasten Nord- und Zentralindiens zur Begleitung von Tänzen verwendet werden.

Duggi

Duggi heißt eine ganz kleine hellklingende Pauke, die vor allem als rhythmisches Begleitinstrument des Shahnâi-Orchesters eingesetzt wird.

Khanjari

Der *Khanjari* ist ein runder oder achteckiger Tamburin, der besonders umherziehenden Musikern und Volkssängern als Begleitinstrument dient. Seitlich sind – ähnlich wie bei bestimmten Zigeunertamburinen – kleine Metallschellen befestigt.

Damaru

Der *Damaru* ist eine kleine Sanduhrtrommel. Er gilt als das heilige Instrument des Gottes Shiva, das er benutzte, als er durch seinen kosmischen Tanz die Welt erschuf. Die größten Arten des *Damaru*, die man heute noch im Himalaya antrifft, werden nur auf einer Seite gespielt. An den kleineren Instrumenten befestigt man mit Schnüren zwei Bleikügelchen, die bei geschicktem Herumschwenken der Trommel gegen die beiden Felle schlagen. Ursprünglich bestand der *Damaru* aus zwei im Scheitel verbundenen menschlichen Hirnschalen. Diese Form findet man noch in Tibet.

Chand und *Duff* bezeichnen Tamburine, die besonders von den Nomaden benutzt werden.

Nâgarâ

Ursprünglich war die *Nâgarâ* eine Kriegstrommel. Das Instrument ist eine große Pauke, die aus zusammengenieteten Kupfer-, Bronze- oder Eisenreifen besteht und deren Durchmesser zwischen achtzig Zentimeter und einem Meter liegt. Die Haut wird durch geflochtene Lederschnüre gespannt. Die *Nâgarâ* wird mit gekrümmten Stäben geschlagen; der Klang ist sehr laut und hat infolgedessen eine große Reichweite. Diese Trommel wird besonders in den Tempeln verwendet, aber auch bei Volkstänzen, die sie mit ohrenbetäubendem Lärm begleitet.

Bheri

Auch der *Bheri* ist eine ehemalige Kriegstrommel. Er gleicht der *Nâgarâ*, ist aber kleiner. Früher wurden zwei *Bheri*-s auf dem Rücken eines Pferdes zu beiden Seiten des Reiters angeordnet. Das Instrument klingt trocken und ist weit zu hören, besitzt aber nicht die Klangfülle der *Nâgarâ*.

Tâla

Unter *Tâla* wird in Indien ein Gong verstanden, der aus einer einfachen runden, in der Mitte leicht ausgebauchten, dicken Kupfer- oder Bronzeplatte besteht. Diese Gongs werden mit einem leder- oder stoffumwickelten Stock geschlagen. Es ist ein wichtiges Instrument aller Rituale, die in Tempeln oder besonderen Häusern stattfinden.

Jhâlra

Jhâlra heißen zwei Becken mittlerer Größe. Sie haben einen vibrierenden Klang, der lange ausschwingt, und sind im allgemeinen in der Mitte durch eine Schnur zusammengebunden.

Jhâng

Unter der Bezeichnung *Jhâng* (*Jhângâ* oder *Jharjharî*) werden zwei Becken verstanden, die dem *Jhâlra* ähnlich, aber größer und leichter sind. Sie finden in den Tempeln und zur Begleitung von Tänzen Verwendung.

Tâli

Die *Tâli* sind ganz kleine Becken mit sehr durchdringendem kristallklarem Klang, die vom Musiker mit beiden Händen aneinandergeschlagen werden. Die *Tâli* sind das Leitinstrument in allen Orchestern zur Tanzbegleitung und bestehen aus Kupfer oder Silber, bisweilen auch aus einer Zinnlegierung.

Karatâla

Karatâla oder *Chittika* heißen Hartholzstücke von etwa fünfzehn Zentimeter Länge, die zusammengebunden sind, sich aber frei bewegen können. Man hält sie in einer Hand und läßt sie wie Kastagnetten aneinanderschlagen Bisweilen sind an den Seiten Ringe befestigt, durch die Daumen und Ringfinger gesteckt werden, um auf diese Weise den Rhythmus besser zu kontrollieren. An jedem Holzstück sind kleine Becken befestigt, an den Enden jeweils Schellen. Das Instrument wird vor allem zur Begleitung der religiösen Gesänge (*Bhajana*-s) und für die Lieder und Tänze der Wandermönche gebraucht.

Ghatam

Diese Bezeichnung trägt ein einfacher irdener Krug, auf den man mit den Fingern schlägt. Manche Trommelspieler greifen auf dieses schlichte Instrument zurück, um rhythmisch sehr subtile Variationen auszuführen. Der *Ghatam* wird mitunter zur Begleitung der großen südindischen Vokal- oder Instrumentalmusik gebraucht.

Ghantâ

Ghantâ heißt eine Glocke, die im allgemeinen mit einem stoffumwickelten Stab geschlagen wird. Man findet aber auch *Ghantâ*-s mit Klöppel. Die Glocken, die es in allen Größen gibt, spielen eine sehr wichtige Rolle bei religiösen Zeremonien.

Ghunghura

Diesen Namen tragen kleine Glöckchen oder Schellenrasseln, die die Tänzer sich mit Stoffbändern an den Fußknöcheln befestigen, um den Rhythmus zu markieren.

Nûpura

Nûpura sind hohle Ringe aus Silber, die kleine Metallstückchen enthalten; bei der geringsten Bewegung verursachen sie ein Rasselgeräusch. Tänzerinnen gebrauchen dieses Instrument bisweilen an Stelle des *Ghunghura.*

Jâla-târanga

Das *Jâla-târanga* ist ein sehr altes Instrument. Es besteht aus verschieden großen Porzellanschalen, die dadurch eingestimmt werden, daß man sie mit mehr oder weniger Wasser füllt. Der Musiker ordnet sie um sich herum im Halbkreis an und hockt sich in der Mitte nieder. Die wassergefüllten Schalen werden mit Stäben angeschlagen. Manchmal werden die Schalen durch kleine Trommeln ersetzt, aber dieses Instrument scheint in Indien aus verhältnismäßig jüngerer Zeit zu stammen. Es wird vor allem in Burma gespielt.

Ensembles

Die Technik der Improvisation verlangt, daß Musik stets und vor allem Ausdruck eines Solisten ist. Dennoch ist für einige Aspekte der Entwicklung eine Gruppe von Musikern erforderlich.

Den ersten Platz innerhalb der Gruppe nimmt der Trommelspieler ein. Die rhythmische Improvisation entwickelt sich parallel zur melodischen und steht gleichberechtigt neben dieser. Einige Partien im Zuge der Entwicklung gleichen einem wahren Feuerwerk an Virtuosität, das zwischen dem Instrumentalsolisten und dem *Tablâ*- oder *Pakhâvaj*-Spieler ausgetragen wird.

Als zweites, ebenso wichtiges Element ist das Bordun-instrument zu nennen, dessen Funktion bei Sängern und Saiteninstrumenten im allgemeinen von der *Tânpûrâ* wahrgenommen wird. Im *Shahnâi*-Ensemble kommt dem *Sûr* diese Aufgabe zu. In der Volksmusik kann es aber auch eine Stimme oder eine Gruppe von Stimmen sein.

Zu diesen grundlegenden Instrumenten gesellt sich oft ein zweites Melodieinstrument oder eine zweite Stimme hinzu, die mit dem ersten Melodieinstrument oder der ersten Stimme alterniert und deren Variationen aufgreift. Dies ist in der Regel beim *Shahnâi*-Orchester der Fall.

Das gleiche gilt für die Sänger. Darüber hinaus fügt man mitunter eine oder zwei *Tânpûrâ*-s hinzu, um die klangliche

Atmosphäre zu verstärken. Der Solist hat also stets eine Gruppe von zwei bis vier Musikern bei sich, was aber unter dem Aspekt der Entstehung eines musikalischen Kunstwerks völlig ausreicht.

VII. Musiker

Musiker und Mäzene

Die ersten Musiker, die in den alten Sanskrit-Schriften erwähnt werden, verlieren sich in chronologisch nicht erfaßbarer Urzeit. Eingebettet in prächtige Legenden, sind einige mythische Namen auf uns gekommen wie Nârada, Tumburu, Uhu und Aha, Musiker, die fast als Götter angesehen wurden und die in der Geschichte ihren Platz neben den Dichtern der Veden gefunden haben.

Die indische Musikgeschichte vom 5. vorchristlichen Jahrhundert bis zum 15. Jahrhundert unserer Zeitrechnung ist vor allem eine Geschichte der Musiktheoretiker. Namen von Musikern tauchen nicht häufiger auf als die Namen von Bildhauern oder Tempelbaumeistern in den Texten des Mittelalters. Mit Beginn der mohammedanischen Eroberung tritt die Theorie in den Hintergrund, und die Geschichte liefert uns die Namen der großen Virtuosen und der Gründer von Schulen und Musikerdynastien, deren

Tradition sich bis heute erhalten hat. Übrigens sind die Frauen, die im Musikleben des vorislamischen Indiens als Sängerinnen und Instrumentalistinnen eine bedeutende Rolle spielten, aus dem künstlerischen und kulturellen Leben völlig ausgeschaltet; erst mit Beginn der britischen Herrschaft nehmen sie langsam ihren Platz wieder ein, vornehmlich in der Vokalmusik.

Die mohammedanischen Kaiser waren in ihrer Gesamtheit der Musik gegenüber feindlich eingestellt, obwohl sie mitunter durch den Ruf, den die indische Musik genoß, stark beeindruckt waren. Lediglich Akbar und in gewissen Sinne Shâh Jahân zeigten echtes Interesse an der Musik. Dagegen übernahmen die wenigen indischen Fürsten, die der mohammedanischen Herrschaft zu widerstehen und eine gewisse Unabhängigkeit zu bewahren vermochten, auch weiterhin den Schutz der Musiker.

Allâ ud din Khilji

Allâ ud din Khilji, der von 1295 bis 1315 regierte, brachte den Künsten und Wissenschaften lebhaftes Interesse entgegen. An seinem Hof lebten Amir Khusru, der große Dichter, Musiker und Philosoph türkischer Herkunft, sowie andere bekannte Sänger und Instrumentalisten wie Gopal Nâyaka, Changi, Fatuha, Nasir Khân und Bahroz. Allâ ud din drang in Zentralindien ein und brachte als Beute Hunderte von Musikern mit.

Amir Khusru

Es existieren zahlreiche Geschichten über Amir Khusru und seine musikalischen Wettkämpfe, die er mit Gopal Nâyaka, einem sehr berühmten Sänger Südindiens, austrug. Als Gopal an den Hof in Delhi berufen wurde, mußte er – so erzählt man sich – vor Kaiser Allâ ud din in einem sehr harmonischen Gesangsstil singen, den er geschaffen hatte. Während des Konzerts blieb Amir Khusru unter dem Thron des Kaisers verborgen. Am nächsten Tag sang er in aller Öffentlichkeit einen *Kawali* und einen *Tarânâ*, deren Stil den von Gopal Nâyaka nachahmte, als handle es sich um seine eigene Schöpfung. Auf diese Weise brachte er den südindischen Sänger um einen Teil der Ehren, die ihm gebührten.

Râjâ Mâna Simha Tomar

Râjâ Mâna Simha Tomar (1486–1525) aus Gwalior war ein großer Musikmäzen. Viele berühmte Musiker seiner Zeit wurden an seinem Hofe ausgebildet, wie Nâyaka Dallu, Nâyaka Dhondu, Nâyaka Bakshu, Nâyaka Chargu, Bhanu, Mukshu, usw. Nach seinem Tode regierte sein Sohn Vikramâjita noch eine Weile; er verlor aber bald den Thron, und die Künstler des Hofes wurden in alle Winde zerstreut.

Die Mogulkaiser

Die ersten Mogulkaiser, Bahur (1483–1530) und Humayun (1530–1540) sowie Sher Shâh, der Humayun vom Thron stürzte, waren an Musik nicht interessiert.

Islam Shâh, der Nachfolger von Sher Shâh, war ein Mann von feinerer Lebensart. Seine beiden wichtigsten Sänger, Râmdâs und Mahâpatra, traten später in die Dienste von Akbar (Ain i Akbari).

Humayun kehrte 1555 für kurze Zeit auf den Thron zurück. Gemeinsam mit seinem Sohn Akbar gelang es ihm, das Reich zu festigen, und die Künste, vor allem die Musik, nahmen einen Ehrenplatz ein und wurden gebührend gewürdigt.

Kaiser Akbar wurde 1542 geboren und bestieg 1556 den Thron. Lebhaftes Interesse brachte er dem kulturellen Leben entgegen, ja er komponierte sogar Lieder und hatte beachtliche Fertigkeiten auf der *Nâgarâ* (große Trommel). Ein Werk über Musik, das sogenannte *Shringara-manjari*, wird ihm zugeschrieben. Viele Musiker seines Hofes erlangten Berühmtheit.

Haridâsa Swâmî

Haridâsa Swâmî, der sein Leben als Mönch im Kloster verbrachte, wurde einigen Historikern zufolge in Multan in der Provinz Sindh geboren; andere verlegen seinen Geburtsort nach Hoshiarpur im Pandschab. Er war ein Brahmane aus der Sarasvata-Kaste und Schüler von Swâmî Hitavamsha, der in Devabandha in der Provinz Benares lebte. Haridâsa Swâmî war ein Anhänger Krishnas und ließ sich in Brindavana, dem Zentrum seines Kults, nieder.

Zu jener Zeit regierten Babur und Humayun. Das Leben am Hofe in Delhi stand im Zeichen arabischer oder persischer Musiker. Die alten *Pada*-s, *Chhanda*-s und *Prabandha*-s in Sanskrit wurden zwar noch immer gesungen, aber das Publikum konnte sie nicht mehr verstehen. Jeder, der die Gunst der Behörden erlangen wollte, mußte Persisch lernen. Haridâsa Swâmî schrieb seine berühmten Melodien in Vraja Bhâshâ, jener Form des poetischen Hindi, die in Brindavana üblich war, Melodien, durch die er der klassischen Kunst zu erneuter Beliebtheit verhalf. Er verfaßte zahlreiche *Dhrupad*-s und *Chhanda*-s von tiefempfundenem mystisch-poetischem Gehalt. Seine *Trivata*-s, *Dhamâr*-s, *Paratâla*-s, *Chaturânga*-s, *Svara-mâlâ*-s, *Râga-mâlâ*-s, usw. sind bis heute die Säulen der nordindischen Musik geblieben.

Tânsen

Tânsen (1530–1595) war der berühmteste Musiker am Hofe Akbars. Im *Ain i Akbari* sagt Abul Fazl, der Geschichtsschreiber Akbars: "Es gab in Indien seit über tausend Jahren keinen Musiker, der seinesgleichen hat." Man betrachtete ihn als eines der neun Hofkleinodien des Kaisers. Tânsen wurde zu einer so legendenumwobenen Gestalt, daß alle Geschichten, die man sich über Musiker erzählte, später ihm zugeschrieben wurden. Ein Werk mit dem Titel *Râga mâlâ* trägt zwar seinen Namen, doch gilt diese Schrift im allgemeinen als untergeschoben. Nach der Legende sollen zahlreiche Reformen und Erfindungen auf Tânsen zurückgehen.

Dennoch hat es den Anschein, daß sein Einfluß, den er auf die Tradition ausübte, unter einem Unstern stand, denn er arbeitete in erster Linie zu seinem eigenen Ruhm. Viele Hindu-Musiker machen ihn für den späteren Niedergang der Musik und für die Verfälschung zahlreicher *Râga*-s verantwortlich.

Über Tânsens Leben existieren mehrere Versionen. Die folgenden Fragmente entnehmen wir den Sammelwerken von V. N. Joshi (*Bhâratîya Sangîta*, 3, 2, S. 13), Dr. D. G. Vyâsa (*Sangîta Kalâ Vihâra*, 3, 7, S. 23) und B. R. Deodhar (*Sangîta Kalâ Vihâra*, 3, 1, S. 30).

Im Dorfe Bahera, sieben Meilen von Gwalior entfernt, lebte ein Brahmane namens Kavi Makaranda Pande mit seiner Gattin. Sie hatten keine Kinder. Aber durch die Fürsprache eines mohammedanischen Asketen namens Muhammad Ghosh durften sie unter der Bedingung einen Sohn bekommen, daß dieser später ein Schüler des Asketen wurde. Das Kind wurde 1530 (oder 1532) geboren. Es erhielt zunächst den Namen Trilochana (oder Râmatannu) Pande und wurde im vertrauten Umgang Tannu Mishra genannt.

Tannu besaß eine erstaunliche Fähigkeit, Klänge und Geräusche nachzuahmen. Eines Tages, als er gerade das Brüllen eines Löwen nachahmte, kam Haridâsa Swâmî vorbei. Erstaunt, an einem bewohnten Ort das Gebrüll eines Löwen zu vernehmen, betrat er den Garten und entdeckte das Kind. Er suchte die Eltern auf und versprach ihnen: "Wenn ihr mir dieses Kind fünf Jahre lang anvertraut, werde ich aus ihm einen großen Musiker machen." Die Eltern waren einverstanden und Râmatannu wurde der Schüler des berühmten Swâmî.

Als Râmatannu zu seinen Eltern zurückkehrte, war er bereits ein berühmter Sänger. Der Mahârâjâ Râma Niranjana von Gwalior gab ihm den Beinamen Tâna-Séna (Meister der melodischen Verzierungen). Dann machte der Asket Muhammad Ghosh seinen Anspruch auf Râmatannu geltend: Er legte ihm ein Blatt des Betelpfeffers in den Mund, machte ihn zum Mohammedaner und gab ihm den Namen Atâ Ali Khân.

Der junge Tânsen trat in die Dienste des Mahârâjâ von Rewa, Râma Simha Baghelâ. Der gute Ruf, den Tânsen als Musiker bereits genoß, hatte sich rasch verbreitet. Auf Befehl Akbars sollte er an den Hof entsandt werden, aber Râma Simha lehnte ab. Da ließ Akbar das Körpergewicht Tânsens mit Gold aufwiegen, und der Musiker durfte nach Delhi reisen.

Tânsen pflegte ständigen Umgang mit seinem Lehrer Swâmî Haridâsa und studierte zusammen mit den anderen Schülern Swâmîs, Baiju Bavâré und Bajanâtha-jî. Bei seinem Tode im Jahre 1595 waren seine vier Söhne und der Kaiser persönlich anwesend. Tânsen wurde in Gwalior in einem bescheidenen Grab beigesetzt, das bis heute eine Wallfahrtsstätte geblieben ist.

Tânsens Schüler spalteten sich in zwei Gruppen: die Rabâbiyâ-s (Spieler des *Rabâb*, der persischen Violine) und die Bînkâr-s (*Bîn*- oder *Vînâ*-Spieler). Noch heute existieren Vertreter dieser beiden Schulen.

Tânsen war nicht nur ein Sänger, sondern komponierte auch Melodien und neue *Râga*-s. Viele seiner *Dhrupad*-s und *Dhamâr*-s werden noch immer gesungen und zählen zu den schönsten Schöpfungen der indischen Musik. Mehrere von ihm geschaffene *Râga*-s erfreuen sich auch heute noch großer Beliebtheit, so zum Beispiel *Miyân-Kî-Malhâra, Miyân-Kî-Todî* und *Darbâri-Kânadâ.*

Tänzer und Musiker des Gottes Indra, Radschputana, 11. Jahrhundert

Gott Shiva erschafft die Welt mit den Klängen seiner *Vînâ*, Bhuvaneshvar, 10. Jahrhundert

Vînâ, zentralindische Skulptur, 11. Jahrhundert

Vînâ und Harfe, Sohagpur, 12. Jahrhundert

Swami Parvatikar mit *Vînâ*

Tânpurâ

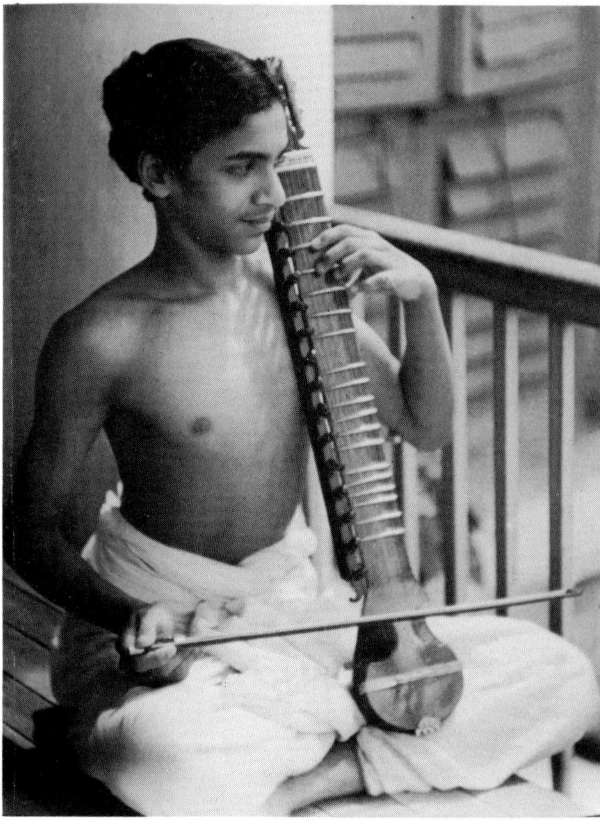

Ravi Shankar mit *Esraj* im Jahre 1934

Sarangî

Shahnâi-Ensemble mit *Sûr* und *Duggi*

Debu Chaudhuri mit *Sîtar*

Shahnâi

Lakshmi Shankar, Vokalsolistin

Gulam Hussain Khan, *Sîtar*, mit *Tablâ*- und *Tânpurâ*-Begleitung

Sharan Rani mit *Sarod*

Der *Sarod*-Virtuose Ustad Allauddin Khan Saheb
im Jahre 1969

Die Dagar-Brüder, Gesang

Wandermönche mit *Sîtar* und *Duff*

Muralî, Khadschuraho, 11. Jahrhundert

Tûrya, Khadschuraho, 10. Jahrhundert

Vamsha

Alte Form einer *Tablâ*, Bhuvaneshvar, 10. Jahrhundert

Trommelspielerin, Deogarh, 11. Jahrhundert

Shiva tanzt mit seinen Gefährten, Bhuvaneshvar,
8. Jahrhundert

Jhâng, Konarak, 14. Jahrhundert

Trompete aus dem Himalaya (Râma-Shringa)

Brahmane mit *Shanka*

Baul-Sänger, der sich auf dem *Do-târa* begleitet

Kurdak-Spieler

Damaru

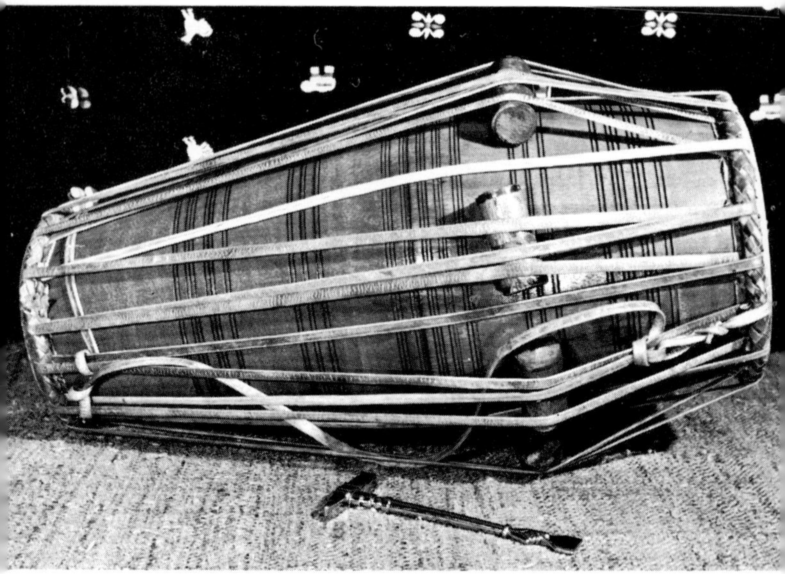

Pakhâvaj

Kirtana-Sänger begleitet von *Khol*-s und *Keratâla*

Tanz der Santal in Bengalen (mit *Dhol*-Begleitung)

Volkstanz aus Orissa

Wandermönch mit *Eka-tantri*

Haridâsa Swâmî hatte Tânsen lediglich Gesänge religiösen Inhalts gelehrt. Am Hofe in Delhi sang Tânsen aber auch weltliche Lieder. Einmal soll er aufgefordert worden sein, für Goswâmî-Mahârâj, den Oberpriester der Vallabha-Sekte in Mathura, zu singen. Nach dem Konzert beglückwünschte Goswâmî ihn zu seiner Kunst und schenkte ihm tausend Goldstücke und eine Kaurischnecke (das Gehäuse dieser Schnecke wurde als die kleinste Scheidemünze benutzt). Tânsen fragte nach der Bedeutung der Kaurischnecke. Der Oberpriester gab ihm zur Antwort: "Das Gold ist für Eure Kunstfertigkeit, die Kauri für die Worte Eurer Gesänge. Mehr ist der Text nämlich nicht wert." Tânsen nahm sich die Lektion zu Herzen und schrieb fortan bewunderungswürdige mystische Gesänge in Hindi.

Über Tânsen und Haridâsa Swâmî gibt es zahlreiche Legenden. Eine davon weiß zu berichten, daß Kaiser Akbar Tânsen nach einem seiner Konzerte fragte, ob es jemanden gebe, der wie er – Tânsen – singen könne. Tânsen antwortete, er kenne einen Musiker, der ihm bei weitem überlegen sei. Der Kaiser bekundete lebhaftes Interesse, dieses Stimmwunder zu hören. Als er erfuhr, daß der fragliche Musiker nicht an den Hof geholt werden könne, verlangte er, zu ihm zu gehen. Verkleidet als Träger für das Begleitinstrument des Sängers, mußte der Kaiser sich zur Hütte des heiligen Mönchs an den Ufern des Jumna-Flusses auf den Weg machen. Nachdem sie die Einsiedelei von Haridâsa Swâmî erreicht hatten, bat Tânsen den alten Musiker, etwas zu singen; dieser lehnte jedoch ab. Tânsen sang dann vor seinem Lehrer und machte dabei absichtlich einige Fehler. Alsbald machte der Meister ihn auf diese Fehler aufmerksam und zeigte ihm, wie er sie hätte vermeiden können; dann sang er an Tânsens Stelle weiter, und zwar so bezaubernd schön, daß der Kaiser in Begeisterung ausbrach. Auf dem Heimweg wurde Tânsen von Akbar gefragt: "Warum singt Ihr nicht wie er?" Tânsen antwortete: "Ich muß singen, wenn mein Kaiser es mir befiehlt. Er hört nur auf seine Inspiration."

Jahangir

Jahangir, der Sohn Akbars, regierte von 1605 bis 1627. Einige der Musiker Akbars blieben auch im Dienst des neuen Herrschers, die übrigen zerstreuten sich. Die bedeutendsten Musiker während der Regierungszeit Jahangirs sind Chatur Khân, Parvizdad, Jehangirdad, Khurramdad Makhu, Hamzan, Vilâsa Khân (Sohn Tânsens), Surata Séna Khân, Lâla Khân, Mishri Khân Dhâdî, Kushahâla Khân, Sobhâla Séna (ein Enkel Tânsens, der wahnsinnig wurde), Diranga Khân und der berühmte Jagannâtha Pandita, der über hundert Jahre alt wurde und den Tânsen als seinen einzigen Rivalen betrachtete.

Shâh Jahân

Am Hofe von Shâh Jahân (1628–1658) blieb Jagannâtha auch weiterhin der bedeutendste Musiker. Der Kaiser verlieh ihm den Titel Kavirâja (Dichterfürst) und bot ihm ebenso wie Diranga Khân, dem Sohn von Vilâsa Khân, ihr Körpergewicht in Silber aufgewogen an. Der Schwiegersohn von Vilâsa Khân, Lâla Khân, war ebenfalls ein berühmter Musiker und erhielt den Beinamen Guna Samudra (Meer der Verdienste). Khushhâla Khân war der Sohn von Lâla Khân und erhielt den gleichen Titel.

Sheikh Bahuddîna Baruâ war ein *Dhrupad*-Sänger, der großes Ansehen genoß. Er entsagte dem weltlichen Treiben und lebte fortan als umherziehender Asket. Er spielte vollendet auf der *Vînâ* und *Rabâb* und komponierte zahlreiche *Dhrupad*-s, *Hori*-s und *Tarânâ*-s.

Sheikh Shira Mohammad, ein bedeutender Komponist von *Dhrupad*-s und *Khyâl*-s, erfand mehrere *Râga*-s. Er war mit Sheikh Bahuddîna Baruâ befreundet.

Noch viele andere Musiker dieser Zeit lebten am Hofe von Shâh Sujâ, dem Sohn von Shâh Jahân und Gouverneur von Bengalen, sowie am Hofe von Kashmir, Bijâpur und Nepal, wo Jagajjyotirmalla, Verfasser einer Abhandlung über Musik, regierte.

Aurangzeb (1658–1707)

Während seiner langen Regierungszeit kam das Musikleben nicht nur an seinem Hof, sondern in seinem ganzen riesigen Reich fast völlig zum Erliegen.

Muhammad Shâh (1719–1748)

Muhammad Shâh war der letzte Kaiser, der berühmte Musiker um sich versammelte. Zu ihnen gehörten Adâranga und Sâdaranga, zwei ausgezeichnete *Vînâ*-Spieler. Der Sänger Shori (Gulâm Nabi) vervollkommnete den sogenannten *Tappâ*-Gesangsstil. Manâranga und Hassan Khân waren gleichfalls Hofmusiker.

Die Maharatha-Könige

Die wachsende Macht der Maharatha-s gestattete ihnen, in immer stärkerem Maße Künstler in ihren Dienst zu nehmen. Am Hofe von Shahû Maharâja aus Satârâ (1708–1749) finden wir wieder eine Reihe von Musikerinnen, wie Ladagi Gâyikâ, Mâlakâji Gâyikâ, Anûpa Gâyikâ, Anandî Gâyikâ, usw.

Die britische Kolonialherrschaft

Nach der Eroberung durch die Engländer verloren die Musiker die Gönnerschaft und das Wohlwollen des Hofes und auch der Provinzgouverneure des alten Reiches. Sie nahmen ihre Zuflucht zu den kleinen Radschas, die sich eine gewisse Unabhängigkeit bewahren konnten. Dort lebten sie in bescheidenen Verhältnissen, waren aber oft den Angriffen der britischen Statthalter ausgesetzt, die aus ihrer Verachtung für die "Eingeborenen"-Musik kein Hehl machten und nichts unversucht ließen, um alle künstlerischen Ansätze im Keim zu ersticken. Trotzdem gab es im Laufe des 19. Jahrhundert einige britische Beamte und einige Missionare, die sich für die indische Musik interessierten.

Gegen Ende des vorigen Jahrhunderts unternahm Raja S. M. Tagore, ein reicher Großgrundbesitzer aus Bengalen, einen Feldzug zugunsten der klassischen indischen Musik. Er veröffentlichte oder ließ verschiedene Werke veröffentlichen, machte europäischen Museen Instrumentensammlungen zum Geschenk. Auch fällt in diese Zeit die erstmalige Durchführung von Musikwochen, sogenannten *Sangîta Sammelana* (Musikfestivals), zu denen alle großen Virtuosen eingeladen wurden.

Zwei Theoretiker spielten eine bedeutende, wenn auch sehr umstrittene Rolle in der Fortführung und Weiterentwicklung der indischen Musik in der ersten Hälfte des 20. Jahrhunderts: Vishnu Digambar Paluskar und Vishnu Narayana Bhâtkhande. Beide arbeiteten an einer Notationsmethode und an einer Reform der Lehrmethoden.

Sie schufen zwei Notationssysteme, die Verbesserungen der altindischen Notation darstellen; sie bemühten sich ferner, die Form der *Râga*-s zu fixieren und die berühmtesten traditionellen Melodien aufzuzeichnen.

Das *Râga Pravesha* von Vishnu Digambar und das *Hindusthạni Sangîta Paddhati* von Bhâtkhande sind bedeutende Werke, die heute in Schulen und Universitäten für den Musikunterricht Verwendung finden. Dennoch sind die großen Virtuosen der Meinung, daß musikalische Unterweisung mit Hilfe von Notationssystemen und im Universitätsrahmen sowie von Schülerklassen schlechterdings nicht möglich und obendrein auch noch falsch ist. Sie machen diese neuen Lehrmethoden in erhöhtem Maße für die Entartung der Musik im heutigen Indien verantwortlich.

Von den Schülern Vishnu Digambars ist ein Sänger, Pandit Omkarnath Thakur, sehr berühmt geworden. 1897 in Gudscherat geboren, besitzt er außergewöhnliche stimmliche Qualitäten. 1948 wurde er zum Direktor der Musikhochschule an der Universität von Benares ernannt.

Der wichtigste Schüler von Bhâtkhande ist Pandit S. N. Ratanjankar; er leitet die Hochschule für indische Musik in Lakhnau.

Moinuddin und Aminuddin Dagar

Zwei Brüder, Ustad Zakiruddin Khân und Ustad Allahbande Khân, die zu Beginn des 20. Jahrhunderts Musiker am Hofe von Alwar in Radschputana waren, galten als die besten *Dhrupad*-Sänger ihrer Zeit. Der älteste Sohn von Allahbande Khân, Ustad Nasiruddin Khân, setzte als Musiker am Hofe von Indore die Tradition fort. Er war ein Künstler von großer Ausstrahlungskraft und Herzensgüte und wurde bis zu seinem Tode ebenfalls als größter *Dhrupad*-Sänger gefeiert.

Seine beiden ältesten Söhne, der 1968 verstorbene Moinuddin und Aminuddin Dagar – bekannt unter dem Namen "Dagar-Brüder" –, waren bis in die jüngste Zeit die unbestrittenen Meister des *Dhrupad*. Sie erfüllten eine wichtige Funktion bei der Wahrung und Fortsetzung der großen indischen Musiktradition, und die allzu seltenen Konzerte, die sie in Europa und im Fernen Osten gaben, führten zu einer Belebung des Interesses an indischer Musik.

Faiyaz Khân

Faiyaz Khân, der 1951 starb, wurde in Agra geboren. Er studierte Musik bei seinem Vater Gulam Abbas und seinem Onkel Kallam Khân. Diese Musiker repräsentieren die Rangila Gharana, die anmutigste und verzierungsreichste Schule der indischen Musik. Seit frühester Kindheit widmete sich Faiyaz Khân dem Musikstudium mit ganzer Hingabe. In unermüdlicher Arbeit lernte er von seinem Vater den besten *Dhamâr-* und *Hori*-Stil, von seinem Onkel die beste Interpretation der *Khyâl*-s und *Thumrî*-s. Er empfing zahlreiche Ehrungen und wurde zum Hofmusiker in Baroda ernannt.

Abdul Karim Khân

Abdul Karim Khân wurde 1866 im Dorfe Kirana in der Nähe von Delhi geboren. Nach Abschluß seiner Musikstudien trat er in die Dienste des Gaekwar von Baroda ein und ließ sich dann in Bombay nieder, wo er als bedeutender Sänger von *Khyâl*-s, *Thumrî*-s und *Tarânâ*-s wirkte. Er starb 1937 im Alter von 71 Jahren. Seine reine und sehr hohe Stimme behielt bis in seine letzten Lebensjahre Qualitäten, die von den anderen indischen Sängern nicht erreicht wurden. Auch als *Vînâ*-Spieler genoß er hohes Ansehen. Von seinen Fähigkeiten als Sänger und Instrumentalsolist zeugen noch einige wenige Schallplattenaufnahmen. Seine Tochter Hira Bai Barodkar war eine der größten Sängerinnen in der ersten Hälfte des 20. Jahrhunderts.

Allauddin Khân

Allauddin Khân wurde 1870 in Bengalen geboren. Noch bis kurz vor seinem Tode übte er, obwohl hochbetagt, in seinem kleinen Haus in Maihar in Zentralindien die Musik praktisch aus. Schon als Kind kam er mit dem festen Entschluß, die Musik zu erlernen, allein nach Kalkutta; nur mit Mühe gelang es ihm, Gopal Chandra Chakravarti, einen der modernen Musiker, dazu zu bewegen, ihn als Schüler anzunehmen.

Er studierte Gesang, dann Geige. Seinen Lebensunterhalt bestritt er durch Trommelspiel (Dholak oder Tablâ), ja er spielte sogar Klarinette im Orchester des "Star Theatre" von Kalkutta. Schließlich erlernte er auch noch das Sarod-Spiel bei Ustad Ahmad Ali Khân in Râmpur. Dann bewarb er sich bei Wazir Khân, dem letzten Nachfahren von Tânsen und Hofmusiker in Râmpur, um Aufnahme als Schüler. Aber Wazir Khân wollte keine neuen Schüler. Allauddin wartete drei Jahre und unternahm dann einen Selbstmordversuch, indem er sich vor den Wagen des Nawab von Râmpur warf. Dem Chauffeur gelang es auszuweichen, und der Nawab ließ sich über die Ursachen seiner Verzweiflung berichten. Nachdem er Allauddin Khân zugehört hatte, verschaffte er ihm ein Ausbildungsstipendium und brachte ihn als Schüler zu Wazir Khân, bei dem er fast zwanzig Jahre blieb. Danach wurde Allauddin zum Hofmusiker des Staates Maihar ernannt.

Ali Akbar Khân und Ravi Shankar

Der Sohn von Allauddin, Ali Akbar Khân, und sein Schüler und Schwiegersohn Ravi Shankar haben sich zu zwei der brillantesten Instrumentalisten Indiens entwickelt und sind heute in der ganzen Welt bekannt.

Hafiz Ali Khân

Hafiz Ali Khân wurde 1888 in Gwalior als uneheliches Kind einer Hofmusikerin geboren, die dann den Musiker Nameh Khân heiratete.

Hafiz studierte das Spiel auf dem *Sarod* bei Murandali Khân in Darbhanga. Anschließend wurde er Schüler von Wazir Khân, dem großen Lehrer aus Râmpur. Er studierte auch bei Fidahussain Khân, dem besten *Sarod*-Spieler seiner Zeit.

Bade Gulam Ali Khân

Bade Gulam Ali Khân wurde zu Beginn des Jahrhunderts in Kasur bei Lahore im heutigen Pakistan geboren und studierte Musik bei seinem Vater Ali Bux, dann bei seinem Onkel Kale Khân, die alle beide Schüler von Fateh Ali Khân aus Patîala waren. Gulam Ali wurde einer der am meisten geschätzten klassischen Sänger Indiens und ist bis heute einer der großen Meister der indischen Musik geblieben. Es gibt einige gute Schallplattenaufnahmen von ihm.

Bismillah Khân

Bismillah Khân ist der berühmteste Virtuose auf der indischen Oboe, der *Shahnâi.* Er wurde 1918 in der Provinz Bihar geboren und studierte Musik in Benares bei seinem

Onkel, der ein ausgezeichneter Musiker am größten Tempel der Stadt war. Mit gleichbleibender Begeisterung interpretiert er nicht nur die große indische Kunstmusik, sondern auch halbklassische Musik.

VIII. Sakral- und Volksmusik

Wedischer Gesang

Bereits im wedischen Zeitalter wurde in Indien Vokal- und Instrumentalmusik praktiziert. In den Weden sind mehrere Musikinstrumente erwähnt. Die wedische Psalmodie, die mit Hilfe sehr komplizierter Lehrmethoden sorgfältig überliefert wurde, um ihre Fortentwicklung zu verhindern, hat bis in unsere Tage Gesangsformen zu erhalten vermocht, die wahrscheinlich zu den ältesten überhaupt gehören.

Bhajana-s und Kîrtana-s

Die Entwicklung sakraler Melodien ekstatischen Charakters, die von frommen Musikern und Gläubigen gesungen wurden – eine Entwicklung im Zuge der mystischen "Bhakti"-Bewegung von Chaitanya –, ist direkt auf mohammedanischen Einfluß zurückzuführen. Das traditionelle Leben der Hindus war völlig ritualisiert. Jede staatliche, gesellschaftliche und familiäre Struktur, jede berufliche Tätigkeit, die sittlichen und religiösen Gebote sowie die Tempelzeremonien waren sämtlich als ein Teilhaftigsein des einzelnen an einer kosmischen Ordnung konzipiert, in der jeder Mensch eine Rolle zu spielen hatte, wie bescheiden diese Rolle auch sein mochte. Jeder einzelne war ein Akteur, ein Schauspieler in einem außergewöhnlichen Theater, das alle Aspekte des Lebens umfaßte und in dem die gesamte Menschheit am Schaupiel der göttlichen Schöpfung teilhatte. Eine solche Konzeption mußte zwangsläufig zum Aufbau einer stark hierarchischen Gesellschaftsform und zu einer extremen Spezialisierung führen, die auf fast allen Gebieten menschlichen Tuns unvergleichliche technische Leistungen ermöglichte, wo aber das technische und rituelle Element stets das emotionale Element überwog.

Unter dem Druck der fremden und bilderstürmenden Eindringlinge stürzte der Bau der indischen Religion zusammen. Seiner Eckpfeiler beraubt, vermochte das Gebäude dem Ansturm nicht mehr standzuhalten: Das Leben fast aller Hindus schien seinen Sinn verloren zu haben. Soziale Rangstellung und bestimmte Privilegien, die an ein strenges rassisches Auswahlprinzip und an ein tiefes kastenspezifisches Verantwortungs- und Pflichtbewußtsein gebunden waren, erschienen als Ungleichheiten und Ungerechtigkeiten jetzt, wo die Macht, Gesetze zu schaffen und sie anzuwenden, in andere Hände übergegangen war.

Das indische Volk, das im Sinne eines geistigen Liberalismus erzogen worden war, betrachtete die Theologie als einen interessanten Gegenstand für dialektische Wortgefechte, bei denen dem Sieger wie bei einem sportlichen Wettkampf zugejubelt wurde. Es war beeindruckt durch den schlichten und unerschütterlichen Glauben der Mohammedaner, die jeden Angriff auf ihre Religion mit dem Schwert beantworteten. Viele mußten in diesem Glauben das Geheimnis der Macht des Islam sehen. Als nun einige fromme Moslems und Hindus ein neues und einfaches Evangelium von göttlicher Liebe und menschlicher Brüderlichkeit zu predigen begannen, stießen sie unter den ratlosen und verwirrten Indern auf durchaus geneigte Ohren, auf willige Zuhörer. Aus den Überresten der Hindu-Gesellschaft traten zunächst vereinzelt, dann immer häufiger Fürsten, Priester, Kaufleute und Arbeiter hervor, die zusammenkamen, gemeinsam beteten, sich umarmten und gemeinsam weinten. Sie lauschten bewegenden Gesängen, die eine göttliche Liebe ausmalten, viel schöner und großartiger als die menschliche Liebe. Sie verließen ihre Paläste, ihre Geschäfte, ihre Hütten und Arbeitsplätze und zogen fortan durch das Land als halbverückte Asketen, die einer Welt entsagt hatten, wo sie keinen Platz mehr fanden. Viele dieser "Anhänger" oder *Bhakta*-s komponierten schlicht-ergreifende gesungene Gedichte, die man *Bhajana*-s (Loblieder) oder *Kîrtana*-s (Ruhmlieder) nennt. Diese Gesänge übten in der folgenden Epoche einen tiefen Einfluß auf die Entwicklung der Musik aus.

Unter *Kîrtana*-s versteht man gesungene mystische Dramen mit Rezitativen, die häufig von *Bhajana*-s unterbrochen werden. Eine Gruppe von Gläubigen greift die Refrains chorisch auf. Manchmal sind die Lieder mit Tänzen ekstatischen Charakters vermischt. Das Thema entwickelt sich über eine Krishna-Legende von Phrase zu Phrase und von Gefühlsstimmung zu Gefühlsstimmung. Mit der Stimmung ändert sich auch der *Râga*; Improvisation spielt eine bedeutende Rolle. Für einen *Kîrtana* benötigt man gewöhnlich einen Solisten, einen Chor und Begleitinstrumente. In Bengalen überwiegen die *Kîrtana*-s; dort kommen zwei Arten vor: *Nâma Sankîrtana*, das sind Loblieder auf den Gott Krishna, und *Rasa Sankîrtana*, in dem seine Abenteuer geschildert werden. Der *Kîrtana* entwickelte sich zur Zeit von Chaitanya und der *Bhakti*-Bewegung.

Harikathâ und *Kâlakshepa* sind *Bhajana*-Formen.

Jayadeva (im 12. Jahrhundert) war der erste, der in seinem großen epischen Gedicht *Gîtagovinda* solche frommen Gesänge verwandte. Ihm folgte um 1400 Chandi Das, aber erst mit Chaitanya, Mirabai, Tulsi Dâs und Kabir wird der *Bhajana* zu einer eigenständigen musikalischen Gattung.

Mirabai (1499–1570?) ist eine der berühmtesten Verfasserinnen von *Bhajana*-s. Sie wurde in der Nähe von Merta im Staate Jodhpur als Radschputenprinzessin geboren und heiratete Kunwar Bhoj, den Bruder des Vikramâjita von Mowar. Nach dem Tode ihres Gatten im Jahre 1528 verließ sie den Palast und lebte fortan als Einsiedlerin in Brindavana, der Heimat des Gottes Krishna. Dort verbrachte sie den Rest ihres Lebens und sang die Liebe und das Lob des göttlichen Liebhabers. Die Zahl der von ihr verfaßten gesungenen Gedichte ist beträchtlich.

Kabir (1450–1518) war ein mohammedanischer Schuster aus Benares. Sein mystisches Verständnis ist jedoch das eines Hindus. Er gilt als einer der größten Dichter Indiens, wo seine in Hindi verfaßten Gedichte und Lieder noch heute gesungen werden.

Chaitanya (1486–1518), der große Reformator und Schöpfer der mystischen Vaishnava-Bewegung, begann etwa zu der Zeit, als Babur (1483–1530) nach Nordindien einfiel, durch seine Heimat Bengalen und die umliegenden Länder zu ziehen, wobei er fromme Lieder vortrug und seine Botschaft von Liebe verkündete. Unter seinem Einfluß erfuhr die Gattung der im Chor gesungenen Lieder – der sogenannten *Sankîrtana* und *Nâgara Kîrtana* – einen bedeutenden Aufschwung. Das Ganges-Delta war freilich schon immer die Heimat des Liedes gewesen. Die *Baul*-s und *Bhatiyali*-s der bengalischen Dörfer waren und sind noch heute wegen ihrer Schönheit und Anmut berühmt.

Im Süden des Landes war es Purandara Dâsa (1484–1564), ein reicher Bankier, der dem weltlichen Treiben entsagte und seine Familie verließ. Er verfaßte 475 000 Lieder in Kânadâ-Sprache. Shrîpadarâja (15. Jahrhundert), Vyâsa Râja ((1447–1539), Kanaka Dâsa (Ende des 15. Jahrhunderts) und Vadirâja schrieben ebenfalls *Bhajana*-s und *Kîrtana*-s, besonders in Kânadâ-Sprache.

Weitere berühmte Verfasser von *Bhajana*-s in Nordindien waren Surdâsa (16. Jahrhundert), Raidâsa (ebenfalls 16. Jahrhundert), Bikodâsa, Haradâsa, Lada Kapola. Tulsi Dâs (1532–1623), der Schöpfer des in Hindi verfaßten *Râmâyana*-Epos, Hardâsa Swâmî und Tânsen schrieben gleichfalls eine Vielzahl von mystischen Gesängen, die sich bis auf den heutigen Tag großer Beliebtheit erfreuen.

Folklore

Natürlich unterscheidet sich die Volksmusik von der Kunstmusik, aber dieser Unterschied ist in Indien weniger ausgeprägt als in den meisten anderen Ländern und bezieht sich eher auf den Grad der technischen Perfektion als auf das Wesen der Musik selber. Bestimmte Gebiete, vor allem die Rhythmik, sind beim halbprofessionellen Dorfmusiker ebenso vollendet entwickelt wie bei den großen Interpreten in den Städten. Die Musik nimmt im Leben des Inders, bei allen Festen, allen religiösen und gesellschaftlichen Zeremonien einen hervorragenden Platz ein.

Die musikalische Unterweisung bleibt nicht auf einige Gesellschaftsschichten beschränkt. Ein Ganges-Schiffer, der selber oft Flöte oder Trommel (Tablâ, Duggi oder Dhol) spielt, vermag einen Vortrag der schwierigsten klassischen Musik, die er in öffentlichen Konzerten, bei kultischen Festen oder im Rundfunk hört, vollauf zu würdigen und zu beurteilen.

Die Volksmusik kennt die folgenden Hauptgattungen:

Kajari-s sind volkstümliche Melodien aus der Gegend von Benares, die von Berufssängern vorgetragen und von verschiedenen Saiten- und Schlaginstrumenten sowie Trommeln begleitet werden.

Kathâ-s sind gesungene religiöse Rezitationen.

Unter *Kawâli* versteht man eine volkstümliche Form des *Ghasels.* Im wesentlichen handelt es sich um einen mohammedanischen kultischen Gesang, der von einer speziellen Kategorie professioneller Sänger, den Kawâls, entwickelt wurde. Die besten von ihnen kann man an den Wallfahrtsorten des Islam hören. Die *Kawâli*-s sind sehr rhythmische Gesänge, die sich von den Liedern der iranischen Derwische ableiten und deren Einführung in Indien Amir Khusru zugeschrieben wird. Sie rufen Kollektivzustände mystischer Ekstase und Verzückung hervor.

Chaita-s heißen Volkslieder, die für die Gegend von Benares typisch sind.

In den nördlichen und zentralen Provinzen sind ferner jene Volksmusikformen zu erwähnen, die bestimmten Kasten zuzuordnen sind. Die *Virahâ*-s der Ahir (Kuhhirten) aus der Gegend von Benares gehören zu einer völlig anders gearteten Musikfamilie als die Lieder anderer Berufsstände.

Im Himalaya finden sich Formen sehr alter Volkslieder, wie zum Beispiel die epischen Gesänge, die *Bera*-s und die *Rauté*-s aus dem Gebiet von Almora.

In Bengalen heißen sehr alte Volkslieder *Yâtrâ*-s. Während die Lieder der Wandersänger als *Baul*-s bezeichnet werden, heißen die Gesänge der Flußschiffer *Bhatiyali*-s.

Die Lieder von Rabindranath Tagore werden heute in allen Dörfern Bengalens gesungen. Ihnen liegen oft Themen aus *Baul*- oder *Bhatiyali*-Melodien zugrunde; sie bilden eine neue Folklore, die sich in die Tradition einfügt.

Im Marathi-Land (Poona) versteht man unter *Abhanga*-s Lieder religiösen Charakters. Es gibt ferner volkstümliche *Bhajana*-s, die von dem großen mystischen Dichter Tukaram geschaffen wurden. Die *Ovi*-s bilden einen Gesangsstil, der für die gesungene Rezitation der langen epischen Gedichte angewendet wird. *Povâda*-s heißen die Kriegsgesänge der Mahratten, *Omvi*-s ihre Volkslieder.

"Die *Kami*-s aus Sindh sind Liebeslieder. Die im Dialekt von Tirhut verfaßten Lieder heißen *Lacchâri*-s und haben ebenfalls erotische Themen zum Inhalt" (*Ain i Akbari*).

Karkhâ-s sind Kriegslieder aus Radschput und Gudscherat. Auch sie – ihnen liegen kurze Gedichte zugrunde – sind bereits im *Ain i Akbari* erwähnt.

Lieder und Rundgesänge junger Mädchen heißen *Garba*-s; sie werden bei Festen und Hochzeiten aufgeführt, besonders in Gudscherat und Kathiavar.

Die *Dhâdhî*-s aus dem Pandschab sind Bardengesänge zu Ehren der Heroen.

Zu den volkstümlichen Berufssängern, die heute immer seltener werden, muß man auch die Hurkiya zählen, die die *Karkhâ*-s singen; ferner die Sezdah tâlâ oder Jongleure aus Gudscherat; die Natwa oder Tänzer; die Bhanvayya, die auf einer Kupferplatte singen und tanzen; die Bhandu, die singend und tanzend die Trommel *Dhol* schlagen, sowie schließlich die Kanjari, deren Frauen gleichfalls singen und tanzen.

Lieder der eingeborenen Stämme

Die ältesten Einwohner Indiens, die Munda-Sprachen sprechen und meist in den Wäldern leben, haben eine autonome Kultur bewahrt, die mit der der anderen Bevölkerungsschichten nichts gemein hat. Gesang und Tanz nehmen einen hervorragenden Platz im Leben dieser Stämme ein, und das ihrer Musik zugrunde liegende Tonsystem weicht von dem der anderen Volksmusikformen völlig ab. Bisher wurde die Musik dieser Stämme erst sehr wenig erforscht; ihre Hauptvertreter in Nordindien sind die Santal und die Gond.

Der frühere Missionar und Anthropologe Verrier Elwyn, der die Lebensweise und Religion der Gond angenommen hatte, notierte und veröffentlichte die Texte zahlreicher Lieder der Eingeborenenstämme. Die meisten dieser Lieder sind mit Tänzen verbunden wie beispielsweise der *Karam* aus Zentralindien und Orissa. Diese Tänze sind jahreszeitlich bedingt und hängen mit der Fruchtbarkeit der Ernte zusammen. Man tanzt sie vor oder nach der Regenzeit oder zwischen dem Umpflanzen und der Ernte des Reises.

IX. Literatur und Diskographie

Literatur

Zu allen Zeiten waren die Inder an der Musiktheorie interessiert, die *Gândharva Veda* heißt und als ein *Upa-Veda* angesehen wird, eine der vier Grundwissenschaften, die sich von den Weden herleiten. Wir besitzen heute noch eine beträchtliche Sanskrit-Literatur über die Musiktheorie, deren älteste Texte bis auf das 5. vorchristliche Jahrhundert zurückgehen und vielleicht noch früher zu datieren sind. Daran anschließend liegen uns Hunderte von Werken vor, die die Entwicklung der indischen Musik bis zum 18. Jahrhundert darlegen. Vom 12. Jahrhundert an begann man, musiktheoretische Untersuchungen auch in Persisch und in den verschiedenen indischen Sprachen zu veröffentlichen.

Fast alles, was sich von dieser Literatur erhalten hat, liegt in Form von Handschriften vor, die zum größten Teil noch nicht veröffentlicht worden sind. Die wenigen gedruckt vorliegenden Texte befriedigen kaum, da es sich bei den Ausgaben selten um kritische Editionen handelt. Fast keine dieser alten Schriften wurde bisher in eine westliche Sprache übertragen. Das wichtigste der erhaltenen alten Werke ist das um das 5. vorchristliche Jahrhundert verfaßte *Gîtâlamkara* des Bharata. Als zweitwichtigstes der vollständig erhaltenen Werke folgt das *Nâtya Shâstra*, ein aus älteren Schriften kompiliertes Sammelwerk, dessen Entstehungszeit etwa um den Beginn unserer Zeitrechnung anzusetzen ist. Von noch älteren Texten liegen nur Fragmente oder Zusammenfassungen vor.

Die Liste der Autoren, die über Musik schrieben, beginnt mit einer Reihe göttlicher Wesen und mythischer Weiser, die den Menschen die Tonkunst offenbarten, sich aber natürlich zeitlich nicht einordnen lassen. Einige der musikbeflissenen Weisen gehen bis auf die wedische Zeit zurück und sind als Hymnenverfasser bekannt. Dadurch dürften sie dem 2. Jahrtausend vor unserer Zeitrechnung zuzurechnen sein.

Es folgt eine Anzahl alter Autoren aus vorchristlicher Zeit, deren musiktheoretische Werke man als historisch ansehen kann und von denen mehrere erhalten sind (Abschriften der meisten Sanskrittexte und -handschriften über Musik befinden sich in der Privatbibliothek des Verfassers).

Schließlich bleibt eine Reihe von Autoren zu nennen, die weder im *Nâtya Shâstra* noch in den anderen Büchern der ersten Zeit erwähnt, aber im Mittelalter (etwa vom 9. Jahrhundert an) bekannt sind. Es erscheint daher logisch, sie zwischen dem Beginn unserer Zeitrechung und dem 9. Jahrhundert zu datieren.

Seit Beginn des Mittelalters stoßen wir auf zahlreiche Autoren, deren Werke mit Sicherheit datiert werden können und im allgemeinen besser erhalten sind.

Mittelalterliche Autoren

Die mittelalterliche Periode beginnt im 8. und 9. Jahrhundert mit vier Kommentaren zum *Nâtya Shâstra*, und zwar von Udbhata (8. Jahrhundert), Lollata (Anfang des 9. Jahrhundert), Shankuka (um 850) und Abhinava Gupta (10. Jahrhundert). Dann folgen die Werke von Bhoja

(1010–1055); Simhana (11. Jahrhundert); Abhaya Deva (1063–?); Mammata (1050–1150, *Sangîta-ratna-mâla*); Rudrasena, Someshvara (*Manasollasa* oder *Abhilashartha-chintâmani*, 1131); Lochana Kavi (*Râga-tarangini*, 1160); Paramardi (1165–1203?); Devendra (*Sangîta-muktâvali*); Someshvara III (1174–1177, *Sangîta-ratnâvali*); *Shâradâtanaya* (um 1200, *Bhâva-prakâsha*); Nânya Bhûpâla (11. Jahrhundert, *Sarasvatîhridayâlamkara*); Jaitra Simha (*Bharata-Bhâshya*, um 1213).

Im 13. Jahrhundert bemühte sich der berühmte Shârngadeva (1210 – 1247), die zu seiner Zeit gültigen, aber widersprüchlichen Theorien über Musik in seinem Monumentalwerk *Sangîta Ratnâkara* zu ordnen und klarzustellen, ein Werk, das für spätere Autoren gewissermaßen zu einer musiktheoretischen Bibel werden sollte. Da Shârngadeva Theorien aus sehr unterschiedlichen Epochen auf die Musizierpraxis seiner Zeit anwenden wollte, mißdeutete, ja verfälschte er bisweilen den Sinn dieser Theorien, so daß seine eigenen Behauptungen und Schlußfolgerungen die Geschichte der altindischen Musik in zusätzliches Dunkel hüllten. Seine Arbeit war Gegenstand mehrerer sehr umfangreicher Kommentare, deren wichtigste von Simhabhûpâla – fast einem Zeitgenossen von Shârngadeva –, Keshava, Kallinâtha (15. Jahrhundert) und von dem in Hindi schreibenden Gangâ-Râma verfaßt wurden. Der letztere Kommentar läßt sich nicht datieren, scheint aber aus dem 16. Jahrhundert zu stammen.

Nach der mohammedanischen Invasion erfuhr die Musik in Charakter und Technik eine wesentliche Veränderung. Ein großer Teil der musiktheoretischen Literatur wurde in Persisch geschrieben. In indischen Bibliotheken finden sich noch zahlreiche persische Handschriften über die

Musiktheorie; eine vollständige Aufstellung dieser Manuskripte wurde jedoch offenbar bisher nicht in Angriff genommen.

Gleichwohl schrieben manche Theoretiker ihre Werke noch bis zum Ende des 18. Jahrhunderts in Sanskrit.

BIBLIOGRAPHIE

Veröffentlichungen in westlichen Sprachen

ATIYA BEGUM FYZER RAHAMIN, *The music of India,* London 1926

BANDOPADHYAYA, S., *The music of India,* Bombay 1945

BANDOPADHYAYA, S., *The origin of râga,* Delhi 1946

BATRA, R. L., *Science and art of Indian music,* Lahore 1945

BHATKHANDE, Pt. V. N., *A short historical survey of the music of upper India,* Bombay 1917; Neuveröffentlichung 1934

BHATKHANDE, Pt. V. N., *A comparative study of some of the leading music systems of the fifteenth, sixteenth, seventeenth and eighteenth centuries,* Lucknow 1930–1931, in "Sangeeta", Bombay 1940

CHATTERJI, B., *Applied music,* Calcutta 1948

CHAUBEY, S. K., *Indian Music To-day,* Allahabad 1945
CLEMENTS, E., *Introduction to the study of Indian Music,* London 1913
CLEMENTS, E., *Râga-s of Tanjore, Lectures on Indian music,* Poona o. J.
DANIELOU, A., *Introduction to the study of musical scales,* Indian Society, London 1943; Nachdruck von David Marlowe Ltd., London 1946
DANIELOU, A., *Northern Indian music,* 2 Bände, Halcyon Press, Barrie and Rockliff, London und Visva-Bharati, Calcutta 1949–1954
DEVAL, K. V. *Theory of Indian music as expounded by Somanâtha,* Poona 1916
DEVAL, K. V., *The râgas of Hindusthan,* 3 Bände, Poona 1918–1923
DEVAL, K. V., *Report of the first All India Music Conference,* Baroda 1916
DEVAL, K. V., *Report of the second All India Music Conference,* Delhi 1919
DEVAL, K. V., *Report of the fourth All India Music Conference,* Lucknow 1925
DHARAMPUR, Maharana Vijayadevji of, *Sangîta Bhava,* 1. Band Bombay 1933, 2. Band 1939
FIROZE FRAMJEE, Pandit, *Theory and practice of Indian music,* Poona 1938
FOX STRANGWAYS, A. H., *The Music of Hindusthan,* Oxford 1914
GANGOLY, O. C., *Ragas and Raginis,* Bombay 1948
GROSSET, J., *Inde, Histoire de la musique depuis l'origine jusqu'à nos jours,* Encyclopédie de la musique, Paris 1924
GROSSET, J., *Contribution à l'Etude de la musique Hindoue,* Paris 1888
GROSSET, J., *Bharatiya-Natya-castram,* Paris 1888

JONES, W. and WILLARD, N. A., *Music of India,* 1793; Nachdruck Calcutta 1962

KRISHNA RAO, H. P., *The first steps in Hindu music in English notation,* Bangalore 1945

KRISHNA RAO, H. P., *The Psychology of Music,* Bangalore 1923

KUNHAN RAJA, C., *The Sangîta-ratnâkara of Shârngadeva* (Englische Übersetzung, 1. Teil, Madras 1945)

MUKERJI, D. P., *Indian Music,* Bombay 1945

PINGLE, B. A., *Indian Music,* 2. Aufl., Byculla 1894; Nachdruck Calcutta 1962

POPLEY, H. A., *The music of India,* Calcutta-London 1921

PRAJNANANANDA, S., *Historical development of Indian music,* Calcutta 1960

RAGHAVAN, V., *Same names in early Sangîta literature,* Journal of the Music Academy, Band III, Nr. 1, 2, 3 und 4, Madras 1932

RAGHAVAN, V., *Later Sangîta literature,* ebd., Band IV; 1933

RAMASWAMY AIYAR, M. S., *The Svara-mela-kalâ-nidhi of Râmâmâtya,* mit Einleitung und Übersetzung, Universität von Annamalai 1932

RANADE, H. H., *Hindusthani music,* an outline of its physics and aesthetics, Sangli 1938

ROSENTHAL, E., *The story of Indian music and its instruments,* London 1928

ROY, H. L., *Problems of Hindusthani music,* Calcutta 1937

SIMON, R., *The musical compositions of Somanatha,* critically edited with a table of notations, Leipzig 1904

SVARUP, B., *Theory of Indian Music,* Swarup Bros., Maithan, Agra 1933

TAGORE, R. S. M., *Hindu music from Various Authors,* Calcutta 1882

TAGORE, R. S. M., *Six principal ragas of the Hindus*, Calcutta 1877

TAGORE, R. S. M., *The Eight Principal Ragas of the Hindus* with tableaux and dramatic pieces illustrating their character, Calcutta 1880

WILSON, A. C., *A short account of the Hindu system of music*, London 1904

Aufsätze und Essays

COOMARASWAMY, A. K., *Hindi ragamala texts*, Journal of the American Oriental Society, 1933

COOMARASWAMY, A. K., *Dipaka Raga*, Year Book of Art and Culture, London 1925

DHARAMPUR, Maharana Saheb of, *Music in India*, Indian Arts and Letters, 1938

DHARMA, P. C., *Musical culture in the Ramayana*, Indian Culture, Band IV, 1938

GANGOLY, O. C., *Non-Aryan contribution to Aryan music*, Annals of the Bhandarkar Research Institute, Poona

GANGOLY, O. C., *Date of the Sangita-raga-kalpadrumak*, ebd. 1934

GANGOLY, O. C., *Dhruva. A type of old Indian Stage-songs*, The Journal of the Music Academy, Madras, Vol. XIV, 1943

GANGOLY, O. C., *The meaning of music*, The Hindoosthan, Calcutta 1946

KANHERE, S. G., *Some remarks on Indian music*, Bulletin of the School of Oriental Studies, Vol. IV, London

KANNOO MAL, L., *Notes on Raginis,* Rupam 1922
LAKSHMANA SHANKARA BHATTA, *The mode of singing Sama gana,* Poona Orientalist, 1939
MANJI, P. V., *Rag mala,* a series of articles in Suvarna-Mala, Bombay 1923–1926
MEHTA, N. C., *Ragas and Raginis in a Landian Ms.,* The Bodleian Quarterly Record, Vol. VI, Oxford 1932
MUKHERJEE, J. N., *A Lecture on Ragas and Raginis,* Journal of the Indian Society of Oriental Art, Calcutta 1921
NARASIMHACHARY, V. V., *The early writers on music,* Journal of the Music Academy, Madras 1930
RAMAKRISHNA KAVI, M., *King Nanyadeva in music,* The Quarterly Journal of Andhra Historical Research Society, October 1926
RAMAKRISHNA KAVI, M., *Literature on music,* ebd., July 1928
RAMAKRISHNA KAVI, M., *Literary gleanings:* Sangitacharyas Nanyadeva, Jagademakalla, Someshvara, Sarangadeva, Parashvadeva, Devana Bhatta, Aliya Ramaraya, ebd., Oktober 1928 – April 1929
RICE, St., *Hindi Music,* The New Criterion, Juni 1926
RUKMINIYAMA, K. D., *Music,* Journal of Indian History 1941
SAMBHAMOORTI, P., *A history of sacred music in India,* K. V. Rangaswami Aiyangar Commemoration Volume, Madras 1940
STERN, Ph., *La Musique Indoue,* la revue musicale, Paris Mai 1923
STERN, Ph., *The music of India and the theory of the raga,* Indian Art and Letters, London 1933
STOLL, D., *The philosophy and modes of Hindu music,* Asiatic Review, 1941

TARUN GHOSHAL, *Hindu contribution to Music,* Calcutta Review 1940

VENKATARAMA IYER, T. L., *The Musical element in Kalidasa,* Journal of Oriental Research, Madras 1930

Das *Journal of the Music Academy,* Madras hat seit 1925 zahlreiche wichtige Beiträge zur Geschichte und Technik der indischen Musik veröffentlicht.

DISKOGRAPHIE

(Auswahl)

Veröffentlichungen des Internationalen Instituts für vergleichende Musikstudien und Dokumentation, Berlin - Venedig

Unesco Collections.

A Musical Anthology of the Orient

General Editor: Alain Daniélou; publ. by Bärenreiter - Musicaphon, Kassel.

- India 1, Vedic Recitation and Chant, BM 30 L 2006
- India 3, Dhrupad-s, sung by Moinuddin and Amin uddin Dagar, BM 30 L 2018

An Anthology of North Indian Classical Music

General Editor: Alain Daniélou; publ. by Bärenreiter - Musicaphon, Kassel.

- Vol. 1 Vocal Music, Alap – Dhamar – Khyal – Thumri
- Vol. 2 Vocal Music (Bhajana – Tappa), String Instruments (Vina Sarangi), Drums (Pakhavaj – Tabla)

– Vol. 3 String Instruments, Sitar – Surashringar – Surbahar – Vichitra Vina
– Vol. 4 String Instruments (Sarode Dilruba), Wind Instruments (Flute – Shahnai)

Musical Sources (a universal history of traditional music) General Editor: Alain Daniélou; publ. by Philips Phonogram International, Baarn/Holland.
– Northern India, Vocal Music, Dhrupad and Khyal, 6586 003
– North India, Instrumental Music, Sitar, Flute and Sarangi, 6586 009

Musical Atlas (a regional anthology of Folk and Traditional Music) publ. with the help of the Gulbenkian Foundation.
General Editor: Alain Daniélou; publ. by Odeon/EMI Italiana, Roma.
– India, CO 6417 859

Anthologie de la Musique Classique de l'Inde
Recueillie par Alain Daniélou et éditée sous le patronage de l'Unesco; publié par Ducretet - Thomson, Paris
– 3 disques (Album), 320 C 096, 097, 098

India's Debu, Sitar Maestro
publ. with the collaboration of the IICMSD, Berlin by ABK Productions, Los Angeles, USA.
– Side 1, Raga Rageshree, Alap, Jore, Masitkhani, Razakhani Gat
– Side 2, Thumri Piloo and a Folk Tune, ABK 2001 Stereo

India
Recorded, Notes and Translations by Alain Daniélou
Collected and edited by Alan Lomax. The Columbia, World Library of Folk and Primitive Music, USA, SL 215

Sitar

Ravi Shankar

– Raga Hamsadhwani, Raga Dhun, Raga Kafi, Ramkali, His Master's Voice ALP 1893, England
– Ravi Shankar's Festival from India, World Pacific WDS 26201–26204, USA
– Improvisations, World Pacific WP 1416, USA
– in Concert, World Pacific WP 1421, USA
– India's Master Musician, World Pacific WP 1422, USA
– – World Pacific WP 1430, USA
– Ragas and Talas, World Pacific WP 1431, USA
– Portrait of Genius, World Pacific WP 1432, USA
– The Sound of the Sitar, World Pacific WP 1434, USA
– Three Ragas, World Pacific WP 1438, USA
– in New York, World Pacific WP 1441, USA
– at the Monterey In'l Pop Festival, World Pacific WP 1442, USA
– à New York, Alla Rakha, Tabla; Raga Bairagi, Nata Bhairavi, Raga Marwa, Frankreich

Ravi Shankar and Ali Akbar Khan

– Raga Shree and Raga Sindhu Bhairavi, His Master's Voice ALP 2304, England

Vilayat Khan

– Ragas Shura Sugrai and Pilu in Thumri, His Mater's Voice ALP 1988, England
– Raga Miyan ki Malhar, Raga Miyan ki Todi, Raga Pilu, His Master's Voice ALP 1946, England
– Raga Tilak Kamod, Raga Malika and Bhairavi in Thumri, His Master's Voice EALP 1259, India
– Ragas Ahir Bhairavi, Khamaj in Thumri, His Master's Voice EALP 1266, India
– Ragas Marawa, Shankara and Dhun, His Master's Voice EALP 1298, India

Vilayat Khan and Imrat Khan (Surbahar)
– His Master's Voice ALP 1946, England
– A Night at the Taj, His Master's Voice EALP 1223, India
– The Great Heritage, Raga Jhinjoti and Raga Yaman Kalyan, Pathé Marconi SHTX 340 772 (GU), Frankreich

Vilayat Khan and Bismillah Khan (Shahnai)
– Ragas Jugalbandi, Gujaree Todi, Chaiti Dhun, Bhairavi Thumri, His Master's Voice ALP 2295, England

Vilayat Khan and Shankar Ghosh
– Raga Darbari Kanada, Capitol ST 10514

Ghulam Hussein Khan
– Raga Jugalbandi, Sitar and Sarangi, Decca DL 75100
– Dadra Panchanse, Jiara, Raga Prithi, Hindoli, Raga Jhinjot Vogue, Collection Loisirs CLVILX 260, Frankreich

Imrat Khan
– Raga Bageshree, Surbahar; Raga Bageshree and Raga Gawoti, Sitar, His Master's Voice EALP 1309, India

Nikhil Banerjee
– Ragas for meditation, Capitol ST 10518, USA
– Ragas Komal Rishab Asawari, Maluah Kalyan, Misra Gara, His Master's Voice EALP 1305, India

Sarod

Ali Akbar Khan
– Parlophone PMAE 502, England
– Two Ragas for Sarode, Capitol ST 10517, USA
– North Indian Master of the Sarod, World Pacific WPS 21433, USA
– The Sound of the Sarod, World Pacific WPS 21435, USA

- The 40 Minute Raga, Raga Marwa, Connoisseur Society CS 2008, USA
- The 80 Minute Raga, Raga Kanada Prakaar, Connoisseur Society CS 2012, USA
- The Classical Music of India, Raga Jajwanti, Raga Todi, Prestige PR 1079, USA
- Traditional Music of India, Raga Chandranandan, Raga Bhairavi, Prestige PR 7402, USA
- Raga Marwa, Philips 844.546, Frankreich
- His Master's Voice EALP 1268, India
- His Master's Voice EALP 1274, India
- His Master's Voice EALP 1301, India
- Raga Todi and Raga Jajwanti, His Master's Voice EALP 1255, India

Ashish Khan
- California Concert, World Pacific WPS 21459, USA
- Young Master of the Sarod, World Pacific WPS 21444, USA

Virendra Kumar Mathur
- Raga Mala, Polydor 2450 010, India

Sharan Rani
- The Music of India, World Pacific WP 1418
- Raga Darbari Kanada and Raga Nat-Bhairav, His Master's Voice ECLP 2283
- Musique Classique Indienne, Ragas Yaman Kalyan et Bhairavi, Vogue, Collection Loisirs CLVLX 119, Frankreich

Sarangi

Ram Narayan
- The Voice of a hundred colours, Nonesuch H 72030, USA

– Inde du Nord, Raga Bairagi-Bhairav, Raga Kirvani and Raga Madhuvanti, Ocora OCR 69, Frankreich
– Ragas Saraswati, Maru Bihag and Pilu Thumri, Tower Records ST 5156, Bombay/India

Ram Narayan et Chatur Lal (Tabla)
– Inde du Nord, Ragas du matin et du soir, Raga Shuddha Todi – tala Lila Vihan, Raga Marwa, Boite à Musique LD 094, 25 cm, Frankreich

Shahnâi

Bismillah Khan
– Indian Music, His Master's Voice ASD 2312, England
– The Artistry of Bismillah Khan, Capitol ST 10513, USA
– Ragas Todi and Misra (Thumri), Pilu and Kafi, His Master's Voice EALP 1254, India
– Ragas Puriya Dhanashri and Bhairavi in Tintal, His Master's Voice EALP 1262, India
– Ragas Lalat and Madhmat Sarang, His Master's Voice EALP 1270, India
– Ragas Bageshree and Sohini, His Master's Voice EALP 1271, India
– Raga Bhairavi in Jhaptal and Raga Multani and Pilu (Thumri) in Tintal, His Master's Voice EALP 1285, India
– Ragas Malkauns and Desh, His Master's Voice EALP 1289, India
– Ragas Gujri Todi, Shankara and Pilu (Thumri), His Master's Voice EALP 1294, India
– Ragas Basant, Purvi (Dhun) and Dhun, His Master's Voice EALP 1306, India

Flöte

Pannalal Ghosh

– Raga Yaman, Raga Shri, His Master's Voice EALP 1252, India
– The Soul of Indian Flute, Ramini, World Pacific WPS 21456, USA

Tabla

Chatur Lal

– The Drums of India, World Pacific WP 1403, USA

Alla Rakha

– World Pacific WPS 21458, USA

Gesang

Bade Ghulam Ali Khan

– Raga Goonkali and Raga Malkauns, His Master's Voice EALP 1258, India
– Raga Darbari Kanada and Raga Kaushi-Dani, His Master's Voice EALP 1265, India

Khansahib Abdul Karim Khan

– Columbia Records ECX. 3251, India

Dagar Brothers

– Raga Darbari Kanada and Raga Adana, His Master's Voice EALP 1291, India

Lakshmi Shankar

– The Voice of Lakshmi Shankar, Vocal music, World Pacific WPS 21461, USA

Geistliche Musik

– Religious Music of India, recorded and Notes by Alain Daniélou. Ethnic Folkways Library, P 431 A, USA

Bhajana, Kirtanas, Rama Lila, Taittiriya, Upanishad, Hymn to Raja Rama, Raga Kamavardhani, Raga Bhairavi, Hymn to Shiva
– L'Inde, Musique religieuse, Le Bhakti Yoga par Hubert de Fraysseix. Collection Musiques et Traditions du Monde, CBS 65175, Frankreich

Alben

– The Anthology of Indian Music Vol. 1. Ravi Shankar, Ali Akbar Khan, Balachander. Liberty Records, Inc. (World Pacific) WDS 26200, USA, an Album of three records
– Classical Indian Music: M. S. Subbulakshmi, Raga Sankarabharanam; K. S. Narayanaswami, Raga Todi; Ravi Shankar, Raga Jhinjoti and Bahar; Ustad Ali Akbar Khan, Raga Yaman Kalyan; Bismillah Khan and Party, Raga Kedara; Palghat Sri T. S. Mani Iyer and Sri T. Viswanathan, Tala Kanda Chapu and Tala Adi. Album of three records by Dr. Narayana Menon, recorded in Collaboration with the International Cultural Centre, New Delhi. Parlophone Odéon PMAE 501, 502, 503.

Register

C

D

L

M

N

T

INTERNATIONALES INSTITUT FÜR VERGLEICHENDE MUSIKSTUDIEN

Direktor: Alain Daniélou, Frankreich
Geschäftsführer: Dr. Rudolf Heinemann, BRD

1 Berlin 33
Winklerstraße 20

Die Aufgabe dieses Instituts, das 1963 als eingetragener Verein in Berlin gegründet wurde, besteht in der Erforschung, Bewahrung und Förderung der authentischen Musik außereuropäischer Kulturen. Diesem Zweck dienen:

Veröffentlichungen über außereuropäische Musik (Platten, Bücher)

regelmäßige Rundfunksendungen zu diesem Thema

Europatourneen außereuropäischer Künstler

Auftritte dieser Künstler in Berlin sowie alle zwei Jahre eine "Woche außereuropäischer Musik"

internationale Tagungen und Kongresse

Ausbau eines Schallplatten-, Tonband- und Bildarchivs sowie einer Fach- und Präsenzbibliothek

ständige Zusammenarbeit mit der Unesco und dem Internationalen Musikrat

Dem Institut sind Zweigstellen in Tokio und Venedig sowie Mitgliedsorganisationen in Caracas und Teheran angegliedert.

INTERNATIONAL INSTITUTE FOR COMPARATIVE MUSIC STUDIES AND DOCUMENTATION

1 Berlin, 33 Winklerstrasse 20

PUBLICATIONS

UNESCO Record Collections

A Musical Anthology of the Orient

26 records with commentary in English, French and German issued to date.

Afghanistan, Azerbaijan, Cambodia, Georgia, India, Iran, Japan, Laos, Malaysia, Tibet, Tunisia, Turkey, Vietnam.

Bärenreiter-Musicaphon, Kassel.

An Anthology of African Music

10 records with commentary in English, French an German issued to date.

Ba-Benzele Pygmies, Central African Republic, Chad, Dan, Ethiopia, Hausa, Ruanda, Senufo.

Bärenreiter-Musicaphon, Kassel.

Musical Sources

16 records with commentary in English issued to date.

Arabia, Bali, Cambodia, Central African Republic: Pygmies, India, Iran, Java, Jewish Music, Korea, Laos, Solomon Islands, Syria, Tibet.

Philips, Holland.

Musical Atlas

8 records with commentary in English, French and Italian issued to date.

Bali, Bengal, Cambodia, India, Ivory Coast, Portugal, Syria, Tibet.

EMI/Italy.

BOOKS

Les Traditions Musicales

General Introductions. 6 volumes in French published to date. Buchet/Chastel, Paris.

Inde du Nord	A. Daniélou
Iran	N. Caron and D. Safvate
Turquie	U. and K. Reinhard
Viet-Nam	Tran Van Khe
Japon	P. Landy
Chant Grégorien	A. Bescond

Alain Daniélou,
Sémantique Musicale, Ed. Hermann, Paris 1967;
The Raga-s of Northern Indian Music, Barrie & Rockliff, London 1968.
Die Musik Asiens zwischen Mißachtung und Wertschätzung, Heinrichshofen, Wilhelmshaven 1973.

Manfred Junius,
The Sitar. The Instrument and its Technique, Heinrichshofen, Wilhelmshaven 1974.

Booklets

6 titles in German and French published to date.
Printed on art paper, black-and-white and colour photographs.
Published by the Institute.

Kathakali:	Indian Danced Theatre
Nang Sbek:	Danced Shadow Theatre of Cambodia
Ethiopia:	Music of the Coptic Church
Bharata Natyam:	The Classical Dance of India
Wayang Kulit:	Shadow Theatre of Malaysia
Bali:	Dances of Bali

Reports of Conferences

3 volumes in English issued to date. Published by the Institute.

Artistic Values in Traditional Music (Berlin 1965)
Music Education in the Countries of the Orient (Teheran 1967)
Creating a Wider Interest in Traditional Music (Berlin 1967)

PERIODICAL

The World of Music

Quarterly journal in English, French and German, edited in association with the International Music Council. B. Schott's Söhne, Mainz.

Main subjects: Contemporary Music in the West — Non-European Music Cultures — Music Education — Music and the Mass Media. Reports, information, competitions, first performances, book and record reviews, illustrations.

Taschenbücher zur Musikwissenschaft
Herausgegeben von Richard Schaal

Die Taschenbuchsammlung wird laufend mit wichtigen Werken erweitert. Jährlich erscheinen vier bis sechs neue Bände. Der Umfang der Taschenbücher bewegt sich zwischen 140 und 250 Seiten. Der Umschlag besteht aus strapazierfähigem Karton in Leinenstruktur mit angedruckter und umgelegter Klappe. Dem Studierenden und dem interessierten Musikfreund wird diese neue Taschenbuchreihe ebenso wie dem Wissenschaftler und dem Musikausübenden als wichtige Arbeitshilfe von großem Nutzen sein.

Eine Auswahl:

Band 1
Richard Schaal: Abkürzungen in der Musikterminologie
168 Seiten, engl.-brosch.
ISBN 3-7959-0069-7

Band 2 + 3
Richard Schaal: Fremdwörter-Lexikon Musik
Englisch - Französisch - Italienisch
Jeder Band 176 Seiten, engl.-brosch.
ISBN 3-7959-0024-7

Band 4
Otto Riemer: Einführung in die Geschichte der Musikerziehung
224 Seiten, engl.-brosch.
ISBN 3-7959-0021-2

Band 6
Gotthold Frotscher: Aufführungspraxis alter Musik
176 Seiten mit zahlr. Notenbeisp., engl.-brosch.
ISBN 3-7959-0072-7

Band 7
Richard Schaal: Führer durch deutsche Musikbibliotheken
168 Seiten, engl.-brosch.
ISBN 3-7959-0073-5

Taschenbücher zur Musikwissenschaft
Herausgegeben von Richard Schaal

Band 8
Alain Danièlou: Die Musik Asiens
zwischen Mißachtung und Wertschätzung
138 Seiten, engl.-brosch.
ISBN 3-7959-0165-0

Band 9
Hermann Beck: Methoden der Werkanalyse
in Musikgeschichte und Gegenwart
302 Seiten mit Notenbeispielen, engl.-brosch.
ISBN 3-7959-0184-7

Band 14
Franz Alfons Wolpert: Neue Harmonik – Einführung
Die Lehre von den Akkordtypen und Grundakkorden
228 Seiten mit zahlr. Notenbeisp., engl.-brosch.
ISBN 3-7959-0090-5

Band 15
Gerhard Schuhmacher: Einführung in die Musikästhetik
138 Seiten mit graphischen Darstellungen, engl.brosch.
ISBN 3-7959-0098-0

Band 16
Uwe Krämer: Komponisten über Komponisten
Ein Quellen-Lesebuch
224 Seiten, engl.-brosch.
ISBN 3-7959-0082-4

Band 19
Siegfried Borris: Einführung in die moderne Musik
192 Seiten mit zahlr. Notenbeisp., engl.-brosch.
ISBN 3-7959-0111-1

Band 21
Wilhelm Stauder: Einführung in die Instrumentenkunde
192 Seiten, engl.-brosch.
ISBN 3-7959-0120-0

Heinrichshofen · Wilhelmshaven

Taschenbücher zur Musikwissenschaft
Herausgegeben von Richard Schaal

Band 24
Günter Haußwald: Musikalische Stilkunde
172 Seiten, engl.-brosch.
ISBN 3-7959-0123-5

Band 26
Peter Gradenwitz: Wege zur Musik der Zeit
224 Seiten mit Notenbeisp. u. Abbild., engl.-brosch.
ISBN 3-7959-0133-2

Band 33
Gerhard Albersheim: Zur Musikpsychologie
292 Seiten mit Notenbeisp. u. Zeichn., engl.-brosch.
ISBN 3-7959-0164-2

Band 34
Günter Haußwald: Mozarts Serenaden
Ein Beitrag zur Stilkritik im 18. Jahrhundert
192 Seiten mit zahlr. Notenbeisp., engl.-brosch.
ISBN 3-7959-0179-0

Band 35
Arnold Schering: Aufführungspraxis alter Musik
192 Seiten mit zahlr. Notenbeisp., engl.-brosch.
ISBN 3-7959-0174-X

Band 36
Alain Daniélou: Einführung in die indische Musik
208 Seiten und 32 Bildtafeln, mit zahlreichen Notenbeisp.
engl.-brosch.
ISBN 3-7959-0183-9

Band 37
Habib Hassan Touma: Die Musik der Araber
224 Seiten und 32 Bildtafeln, mit zahlreichen Notenbeisp.
ISBN 3-7959-0182-0

Die Reihe wird laufend fortgesetzt - Bitte fordern Sie die neuesten Verzeichnisse an.

Heinrichshofen · Wilhelmshaven